U0582959

国家自然科学基金项目"乡村振兴视域下政策性担保双重目标的实现逻辑与治理机制"（项目编号：72363026）

国家自然科学基金项目"政策性担保贷款自我履约的微观机理与实现路径"（项目编号：71963026）

内蒙古农业大学高层次/优秀博士人才引进科研启动项目"双重目标导向下政策性农业担保机制的实践逻辑与治理框架"（项目编号：NDYB2021-22）

国家自然科学基金项目"奶牛业种养结合生态模式发展的内在机理及影响因素研究——以内蒙古为例"（项目编号：72163024）

内蒙古自治区教育厅创新团队"农村牧区综合发展创新团队"（项目编号：NMGIRT2223）

内蒙古农村牧区发展研究所

政策性担保机制 "支农"效应研究

——以内蒙古自治区为例

许黎莉◎著

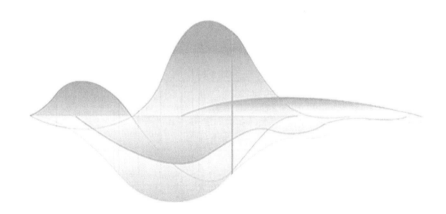

STUDY ON THE EFFECT OF POLICY GUARANTEE
MECHANISM 'SUPPORTING AGRICULTURE':
EVIDENCE FROM INNER MONGOLIA AUTONOMOUS REGION

经济管理出版社
ECONOMY & MANAGEMENT PUBLISHING HOUSE

图书在版编目（CIP）数据

政策性担保机制"支农"效应研究：以内蒙古自治区为例/许黎莉著.—北京：经济管理出版社，2023.12

ISBN 978-7-5096-9538-8

Ⅰ.①政… Ⅱ.①许… Ⅲ.①农村金融—担保—研究—内蒙古 Ⅳ.①F832.35

中国国家版本馆 CIP 数据核字（2024）第 011676 号

组稿编辑：曹　靖
责任编辑：郭　飞
责任印制：许　艳
责任校对：陈　颖

出版发行：经济管理出版社
　　　　　（北京市海淀区北蜂窝 8 号中雅大厦 A 座 11 层　100038）
网　　址：www.E-mp.com.cn
电　　话：（010）51915602
印　　刷：唐山玺诚印务有限公司
经　　销：新华书店
开　　本：720mm×1000mm/16
印　　张：11.75
字　　数：204 千字
版　　次：2024 年 3 月第 1 版　2024 年 3 月第 1 次印刷
书　　号：ISBN 978-7-5096-9538-8
定　　价：88.00 元

前　言

　　建立财政支持的农业信贷担保体系（以下简称"农担体系"），是近年来党中央、国务院解决"三农"融资困局的重要决策部署。区别于市场逻辑的商业性担保机制，政策性担保机制基于政治经济逻辑运行，由"利润最大化"的单目标导向转变为"政策支农、市场可持续"的双目标导向。经过长期的努力，全国农担体系框架已经基本建立，探索了有益经验，取得了积极进展，国家层面也对其给予了高度重视与殷切期待。然而，随着业务规模的加快发展，政策性担保机构存在业务发展不均衡、服务对象不精准、具有一定风险隐患等问题。传统的担保机制研究主要关注商业性担保机制对中小企业资金融通的作用以及不同类型担保机构的运行效率，对政策性担保机制"支农"效应的研究关注不足。因此，理解政策性担保机制在农村金融市场中的作用原理，评价其"支农"效果，不仅能够为制定"担保支农"相关政策提供参考，还能为政策性担保机制的健康可持续发展提供理论支撑，对解决"三农"领域融资短板具有重要意义。但是，现有研究中针对"政策性担保机制是否以及如何发挥'支农'效应"的探讨缺乏全面系统的理论分析、科学规范的实证检验。

　　为此，本书基于不完全契约理论，将政策性担保机制"支农"（交易）过程概括为政策性担保要素使用权交易契约的缔结和履行过程，并与农业经营主体申请、使用、偿还政策性担保贷款的交易循环相匹配。从"担保支农"契约缔结、履行视角，对政策性担保机制缔约阶段的助贷效应、节本效应和履约阶段的增收效应、可持续效应进行评价，并从信息甄别的视角，讨论政策性担保机制对不同属性特征——软信息：异质性社会资本；硬信息：不同反担保措施——农业经营主体的作用路径和差异效果。研究发现,政策性担保机制通过对农村金融市场的重构,可以发挥助贷效应、节本效应、增收效应,具有积极作用。但是在可持续效应上,由于政策性担保机制的双目标导向,使其在发挥"支农"效应过程中存在一定风险隐患。政策性担保机制对不同属性特征农业经营主体异质性作用检验结果显示:助贷效应更能提高具有正式社会资本、反担保品特征农业经营主体的信贷可得;在节本效应检验中,由于具有正式社会资本农业经营主体需要承担更多的隐性融资成本、具有反担保品特征农业经营主体需要承担更多政策性担保机构的转嫁机会成本,显示出更高的成本支出特征,逐利性动机将促使其进行高风险、高收益项目投资;在增收效应检验中,具有正式社会资本、具有反担保品特征农业经营主体的债务平衡点偏低,过度的政策性担保贷款供给将引发过度投资与过度负债;在可持续效应检验中,由于事前信息不对称性,具有正式社会资本农业经营主体存在逆向选择风险;由于事后信息不对称,具有反担保人特征农业经营主体违约风险更高。由此可见,政策性担保机制在发挥助贷效应、节本效应、增收效应过程中,存在政策性担保资源不能合理配置的问题,而这也是政策性担保机制陷入风险处境、偏离市场可持续性目标的动因之一。

因此,政策性担保机制应更新担保理念,由"抵押为王"转变为"成长优先、全程陪伴、避险前置、流程匹配、权责匹配"。依靠大数据赋能、龙头赋能、熟人赋能等多种方式充分挖掘农业经营主体的相关信息。同时,针对农业经营主体的经营特点、资金需求以及社会资本存量,提供差异化、多样化的担保融资方案,提升农业经营主体内涵式增长实力。另外,有为政府塑造有效政策性担保市场,应把握好政府与市场的作用边界,鼓励农业经营主体积极参与合作社、农业产业链等合作组织。

感谢恩师陈东平教授的耐心指导,感谢同门高名姿、张雷、丁力人的答疑解惑,感谢学生朱雅雯、永梅、姜佳琪、霍雨佳、李亚迪、丛阳给予的帮助,感谢家人的理解与支持,由于水平有限,编写时间仓促,所以书中错误和不足之处在所难免,恳请广大读者批评指正。

目　录

第1章 导言

1.1 研究背景与问题

"提升金融服务乡村振兴能力，补齐'三农'领域短板"，是"十四五"时期党中央、国务院的决策部署之一。农业投资周期长、自然风险大、信息不对称、市场波动多、缺乏抵押物等不利因素，使金融服务乡村振兴面临着一定的痛点与堵点——金融机构被"三难"所困：优质客户获取难、信贷风险控制难、成本收益平衡难；农业经营主体被"三缺"所困：缺有效抵质押物、缺规范授信基础、缺清晰发展规划；政策层面被"三不"所困：产业政策不清晰、财政政策不精准、金融政策不落地。担保是消除信贷市场信息不对称的有效机制之一（Akerlof，1970），按照产权属性划分，担保机制的运行可以分为基于市场逻辑的商业性担保以及基于政治经济逻辑的政策性担保。由于商业性担保机制的竞争性、有偿性以及利润最大化目标导向，使其在服务于农村信贷市场时，存在"信用担保配给"均衡化现象，无法满足"三农"领域的担保需求。在此背景下，政府信用被引入担保领域，解决"三农"的融资困局。2015年7月，财政部、农业部、银监会联合印发了《关于印发〈关于财政支持建立农业信贷担保体系的指导意见〉的通知》（财农〔2015〕121号），提出"要在全国范围内建立财政支持的农业信贷担保体系"，中央一号文件连续6年对"农业信贷担保体系"

做出决策部署，由此可见，国家对于"担保支农"的高度重视与殷切期待。

从理论上来讲，政策性担保机制通过系统外增信，能够解决农村金融市场中的"三难、三缺、三不"以及商业性担保机制缺位问题，成为助力实施乡村振兴战略的支撑。从实践效果来看，自 2015 年以来，各地认真贯彻落实党中央、国务院决策部署，积极推动全国农担体系建设运营，探索了有益经验，取得了积极进展。当前，全国农担体系框架已经基本建立，服务能力不断提升，业务规模加快发展，全国农担体系资本金总额达 794.07 亿元。然而，兼顾政策支农性与市场可持续性的双目标定位，可能会使政策性担保机制在发挥"支农"效应时，处于尴尬境地。区别于市场逻辑的商业性担保机制，政策性担保机制基于政治经济逻辑运行，由利润最大化的单目标导向转变为"既要完成国家支农任务，又要实现市场可持续运营"的双目标导向，其实质是利用金融手段，实现国家"支农"目标，具有准公共物品属性。由此可见，政策性定位在双目标导向中的优先排序。实现市场化可持续运营也作为双目标之一，政策性担保机制同时面临市场风险、经营风险以及道德风险等多重叠加，其涉险深度及风控难度不同于一般担保机构。首先，从担保对象来看，政策性担保机构面对的客户都是无法直接从银行融资的群体，这些农业经营主体无抵押、高风险，银行因为有了政府的隐性担保，对政策性担保贷款没有筛选、监管的动力，因此，政策性担保机构承担了绝大部分风险。其次，从交易成本角度来看，由于农业经营周期长、自然灾害风险大、业务范围分布广、农业利润率低等，政策性担保机构业务开拓难度大，贷前审核、贷后监督成本高，市场盈利性较差。政策性担保机构一方面选择做大项目、做泛项目以完成"支农"任务，另一方面采用提高授信审批门槛的经营策略以规避风险，这可能会导致政策性担保机制的作用没有机会发挥（王筱萍和王文利，2015；范亚莉等，2018）。这就衍生出政策性担保机制的特殊性，它既不是纯政治的，也不是纯经济的，而是经常处于两难境地、需要对"双目标"做出权衡、常被要求先做事后量险的特殊机制。《关于进一步做好全国农业信贷担保工作的通知》（财农〔2020〕15 号）同时也指出，政策性担保机制存在业务发展不均衡、服务对象不精准、具有一定风险隐患等问题。学术界对此问题的解释是：政府的隐性担保虽然可以弥补一定程度的市场失灵（Stiglitz 和 Weiss，1981），但也可能削弱市场约束（马草原等，2015）；虽然可以分散金融机构风险（Uesugi 等，2010），但也可能引发其理性缺位（林毅夫，2003）；虽然可以缓解农业经营主体融资困局（Besanko 和 Thakor，1987），但也可能导致其对补贴性信贷的过度需求（吴越，2015）。那么，作为财政撬动金融"支农"的一项重大机制创新，政策性担保机制如何发挥"支农"效应？是否可以实现政策期待的"支农"效果？对以上问题的回答不仅可以解释政策性担保机制是否以及如何发挥"支农"效应的问题，还可以为政策性担保机制的可持续发展提供相关政策建议，具有重要的现实意义和理论意义。

鉴于此，本书从政策性担保机制"支农"契约的缔结与履行视角展开研究，构建评估政策性担保机制"支农"效应的逻辑分析框架，旨在科学解释政策性担保机制是否以及如何发挥"支农"效应的问题。本书将政策性担保机制整个"支农"过程与农业经营主体申请、使用、偿还政策性担保贷款的交易循环相匹配，定义政策性担保机制的"支农"效应为：缔约阶段的助贷效应、节本效应，履约阶段的增收效应、可持续效应，剖析政策性担保机制在"支农"契约缔结、履行过程中发挥 4 个效应的作用原理以及对不同属性特征农业经营主体的差异性影响机制。同时，借助"担保支农"政策出台对农业经营主体融资模式产生外生冲击的准自然实验，采用内蒙古自治区 6 个盟（市）70 个村（嘎查）843 户农牧户的调研样本，从微观视角实证检验"政策性担保机制是否以及如何发挥'支农'效应，对何种属性特征农业经营主体更为有效"的问题。

1.2 研究意义

本书的理论意义在于：将政策性担保机制整个"支农"过程与农业经营主体申请、使用、偿还政策性担保贷款的交易循环相匹配，为认识政策性担保机制的"支农"本质提供了理论切入点；通过构建"缔约阶段：助贷效应、节本效应；履约阶段：增收效应、可持续效应"的逻辑框架，为评价政策性担保机制是否以及如何发挥"支农"效应提供了理论框架；通过运用现代契约理论、社会资本理论、效用函数理论、结构洞理论、监督租理论等，揭示政策性担保机制对不同属性特征农业经营主体在信贷可得、成本支出、收入增长以及信贷违约方面的差异性影响机制，为回答政策性担保机制在农村金融市场中的作用原理提供了理论支撑。

本书的实践意义在于：第一，为政策制定层提供财政支农资金在政策性担保机制中使用效率的证明信息。作为一种政策性金融工具，政策性担保机制实际上是财政支农资金使用方式的调整和创新，其运行需要国家承担一定的财政支出，包括由财政资金出资建立政策性农业信贷担保机构，并通过中央财政对其进行持续的担保费补助和代偿风险补助。然而，政策性担保机制是否实现了政策制定的初衷，解决农业经营主体的融资困境、实现增收效应，并保持健康可持续发展。本书从政策性担保机制 "支农" 契约缔结与履行视角，通过构建 "缔约阶段：助贷效应、节本效应；履约阶段：增收效应、可持续效应" 的逻辑分析框架，对政策性担保机制有效性、效率性进行评价，以期为政策制定层面提供财政资金在政策性担保机制中使用效率的证明信息。第二，为政策性担保机构提供合理的担保规模提供指导。本书从农业经营主体所具备的软信息——异质性社会资本、硬信息——反担保措施视角切入，考察政策性担保机制对不同属性特征农业经营主体信贷可得、成本支出、收入增长、信贷违约的差异性作用，试图为政策性担保机构针对不同属性特征农业经营主体提供差异性担保规模，使政策性担保贷款处于最佳生产状态，实现农业经营主体收入增长最大化，提供相应的指导，以凸显政策性担保机制在农村金融市场中的实践活力。

1.3 研究目标与内容

1.3.1 研究目标

本书的研究目标是回答政策性担保机制是否以及如何发挥 "支农" 效应的问题，旨在阐明政策性担保机制在农村金融市场中的作用原理，为政策性担保机制的可持续健康发展提供相关建议。具体目标如下：

第一，从"担保支农"缔约、履约视角，构建政策性担保机制"支农"效应的评估框架；

第二，剖析政策性担保机制在农村金融市场中发挥助贷效应、节本效应、增收效应、可持续效应的作用原理，评估政策性担保机制"支农"的有效性与效率性，解释"政策性担保机制是否以及如何发挥'支农'效应"的问题。

1.3.2　研究内容

针对研究目标，本书从政策性担保机制"支农"契约缔结与履行视角开展研究，通过评价政策性担保机制缔约阶段、履约阶段的"支农"效应，回答政策性担保机制是否以及如何发挥"支农"效应的问题。

研究内容一：政策性担保机制的制度变迁与现状描述。此部分研究内容在梳理政策性担保机制四个阶段——起步探索阶段（1992~1997 年），基础构建阶段（1998~2002 年），发展、失序并存与行业整顿阶段（2003~2014 年），迈向新时代规范发展阶段（2015 年至今）——制度演进特征的基础上，基于历史制度主义的分析范式，提炼出影响不同时期政策性担保机制制度变迁过程背后稳定存在的逻辑因素——政策性担保机制生成的结构动力：制度情境；存续的历史惯性：路径依赖；制度变迁的机会结构：关键节点与历史否决点。通过对不同时期政策性担保机制运行状况的反思与总结，制度变迁基本逻辑的梳理，解释了"担保支农"的生发机理。同时，按照契约安排的不同，本书将政策性担保机制分为银担模式、政银担模式、产业链模式，通过对不同运行模式的对比分析，得出政策性机制筛选机制、利益相关者权利义务关系的不同（缔约阶段），以及监督机制、风险分散机制发挥的作用不同（履约阶段），不同政策性担保机制运行模式能否发挥"担保支农"的政策使命，依赖于缔约、履约阶段不同契约之间的耦合程度。

研究内容二：政策性担保机制"支农"效应评估。切实发挥缔约阶段的助贷效应、节本效应，履约阶段的增收效应、可持续效应是政策性担保机制处于最佳的生产状态、实现"担保支农"政策目标的必要条件。

（1）缔约阶段：政策性担保机制的助贷效应检验。

解决农业经营主体融资难、融资贵问题是政策性担保机制的政策初衷。针对政策性担保机制是否以及如何发挥助贷效应,对何种属性特征的农业经营主体更为有效的问题,本部分基于契约理论与社会资本理论的研究显示,政策性担保机制通过发挥"第三方"抵押品替代机制,对农村金融市场进行了重构,增加了农业经营主体的信贷可得。政治关系的社会信用,使政策性担保机制提高具有正式社会资本农业经营主体信贷可得的作用更强。由于门槛效应,政策性担保机制提高具有反担保品特征的农业经营主体信贷可得的作用更强。

(2)缔约阶段:政策性担保机制的节本效应检验。

针对政策性担保机制是否以及如何发挥节本效应,对何种属性特征的农业经营主体更为有效的问题,本部分构建了农业经营主体政策性担保融资过程的一个理论分析框架,按照成本动因将农业经营主体的融资成本区分为显性融资成本、隐性融资成本、转嫁机会成本。研究显示,政策性担保机制基于经济激励的衍生功能,降低了农业经营主体显性融资成本。在政策性担保机制作用下,基于社会资本四要素"强化、社会信用、信息、影响"的作用,拥有正式社会资本农业经营主体需要承担更高的隐性融资成本,因此成本支出较高;基于反担保契约的信号传递机制与履约激励机制的影响,具有反担保品特征的农业经营主体需要承担更多的政策性担保机构转嫁机会成本,成本支出较高。因此,政策性担保机制可能会增加资源维护成本、交易成本等隐性融资成本,如果转嫁不利可能会产生道德风险。

(3)履约阶段:政策性担保机制的增收效应的检验。

增收效应是指农业经营主体通过政策性担保机制增加的信贷资本,是否提高了生产效率,实现了收入增长。针对政策性担保机制是否以及如何发挥增收效应,对何种属性特征的农业经营主体更为有效的问题,本部分利用效用函数理论与信贷资本服从边际效用递减的经济学规律,同时考虑政策性担保机制对农业经营主体增收效应所造成的正负面影响,研究显示,政策性担保机制对农业经营主体增收效应的影响呈倒"U"型曲线,存在一个政策性担保机制债务平衡点可以实现农业经营主体增收效应最大化。基于农村社会的差序格局社会结构,以情感互动为目标的非正式社会资本使农业经营主体的债务平衡点偏高;以地位寻求为目标的正式社会资本使农业经营主体的债务平衡点偏低。不同层面的匹配效应使得具有反担保品特征的农业经营主体债务平衡点偏低。因此,超额的政策性担保贷款供给，并未实现农业经营主体增收最大化，反而会引发其过度投资与过度负债。

（4）履约阶段：政策性担保机制的可持续效应检验。

政策性担保机制的可持续效应是指农业经营主体是否能够按时偿还贷款，以保证财政资金的安全。针对政策性担保机制是否以及如何发挥可持续效应，何种属性特征的农业经营主体违约风险更高的问题，本部分基于结构洞理论、监督租理论，对不同属性特征农业经营主体信贷违约的根源进行剖析，结果显示，正式社会资本农业经营主体以及具有反担保人特征的农业经营主体的违约概率较高，政策性担保机制将监督职责转嫁给反担保人，存在一定的道德风险。因此，政策性担保机制可能存在政府过度干预、农业经营主体的救助性预期，代理监督成本高、效率低等问题。

1.4　技术路线与工作步骤

本书遵循提出问题—分析问题—解决问题的研究思路，使研究立足于中国政策性担保机制的实际情况，注重全局性的理论创新，并将政策建议建立在扎实的数据分析和科学研究方法的基础之上，为政策制定提供可行的指导，具体工作步骤如下：

第一，针对政策性担保机制在农村金融市场中的现实问题——缔约阶段的高门槛、履约阶段的高违约，提出本书的研究问题，即政策性担保机制是否以及如何发挥"支农"效应。第二，针对提出的研究问题，对国内外已有对政策性担保机制的研究进行梳理，构成本书的研究基础。第三，对政策性担保机制的制度变迁进行梳理，以解释"担保支农"的生发机理；对政策性担保机制的运行现状进行描述，运行模式进行对比分析，以为后续研究提供背景支持。第四，本书从政策性担保机制"支农"契约缔结与履行视角切入，构建政策性担保机制"支农"效应——缔约阶段：助贷效应、节本效应；履约阶段：增收效应、可持续效应的评估框架，基于社会资本理论、契约理论、效用函数理论、结构洞理论，以及监督租理论等试图回答"政策性担保机制是否以及如何发挥'支农'效应"的问题，并在此基础上提出研究假说，进行大样本实证检验。本书的技术路线如图 1-1 所示。

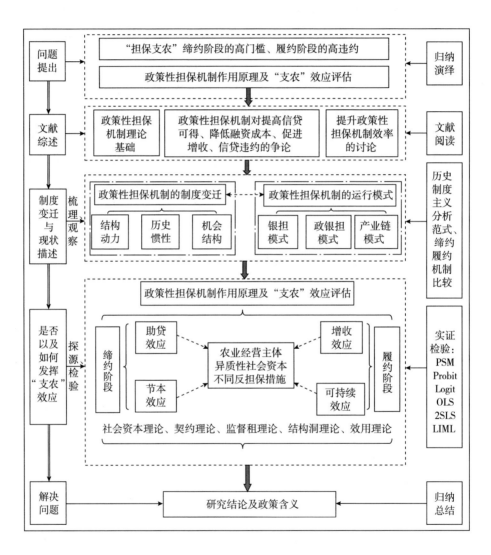

图 1-1　本书的技术路线

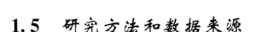

1.5　研究方法和数据来源

1.5.1　研究方法

结合前文提出的研究内容，本书将利用以下研究分析方法开展研究：

1.5.1.1　文献整理法

文献整理法主要是指通过对文献的梳理来归纳总结当前国内外学者对本书研究内容的研究现状以及对研究问题所做出的研究贡献，从而实现对研究内容的初步认识。本书的主要研究内容为政策性担保机制的"支农"效应，从本质上讲政策性担保机制是具有"财政+金融""政府+市场"属性特征的政策性金融工具，其中参与主体包括政策性担保机构、银行、农业经营主体、地方政府、核心企业等，因为本书重点研究的是政策性担保机制在农村金融市场中的作用原理与作用效果，因此在文献梳理上，本书将会重点梳理政策性担保机制的理论基础以及现实运行效果等研究文献，为本书评价政策性担保机制"支农"效应奠定文献基础。

1.5.1.2　理论演绎法

理论演绎法是指通过理论分析和逻辑演进的分析方法，来剖析现实问题的本质原因。针对前文中提出的研究内容，本书将利用历史制度主义、社会资本理论、契约理论、监督租理论、结构洞理论、激励相容理论、委托代理理论、互联关系型合约理论、声誉理论以及不完全信息动态博弈理论等进行理论分析，并利用逻辑演绎的方式推导出研究假说。

1.5.1.3　实证分析法

实证分析是指利用定量的手段，并采取合理的计量模型，对理论分析所得出的假说进行验证。针对上文中政策性担保机制"支农"效应评估——缔约阶段的助贷效应、节本效应；履约阶段的增收效应、可持续效应等研究内容，本书将会通过实证研究的手段，运用 PSM、OLS、2SLS、LIML、Probit、Logit 等方法对研究假说进行验证。

1.5.2 数据来源

本书使用的数据来源于课题组 2020 年 8 月对内蒙古自治区呼和浩特市、包头市、乌兰察布市、锡林郭勒盟、通辽市、赤峰市 6 个盟（市）70 个村（嘎查）843 户农牧户的实地调查，调查内容涉及农业经营主体的生产经营活动、金融活动、社会资本情况、成本收益情况以及政策性担保贷款使用情况等。同时，课题组还分别对村一级的基本情况和金融环境、政策性担保机构的运行模式、核心企业与农业经营主体利益联结模式、支农金融机构的合作态度等情况进行了调查，以全面了解政策性担保机制的运行现状以及农业经营主体的金融决策。选择这些盟（市）主要基于三点考虑：第一，地域特征。内蒙古自治区是我国跨经度最大的省级行政区，东西直线距离 2400 多千米，所选的 6 个盟（市）覆盖内蒙古东部、中部和西部地区。第二，农牧业结构特征。由于不同的地形地貌，各盟（市）农业、牧业与农牧兼业的产业结构比重差异较大，所选 6 个盟（市）涵盖了偏农、偏牧和农牧并重地区。第三，所选 6 个盟（市）分别代表了内蒙古自治区不同经济发展水平。因此 6 个盟（市）具有抽样代表性，能够反映内蒙古自治区农牧区正规信贷市场的总体情况。

调查采用分层抽样方法。首先，课题组在每个盟（市）将所有旗（县）按照 2019 年地区生产总值从高到低排序并等分为 3 组，每组抽取 1~2 个旗（县）；其次，在考虑数据可得性的基础上，分别在每个旗（县）选取 1~2 个乡镇，每个乡镇选取 2 个村（嘎查）；最后，在每个村（嘎查）随机抽取 8~10 户农牧户发放调查问卷。按照上述抽样方法，本次调研在内蒙古自治区 6 个盟（市）70 个村（嘎查）共抽取 877 户农牧户，在删除了数据缺失较多或存在明显错误的问卷之后，最终实际使用的样本数量为 843 户，问卷有效率为 96.12%，其中获得政策性担保贷款的农业经营主体为 370 户，占总样本的 43.89%。

1.6　可能的创新与不足

1.6.1　可能的创新

本书的特色以及创新之处主要体现在以下几个方面：

第一，基于历史制度主义视角对政策性担保机制的制度生成、制度延续和制度变迁进行刻画、梳理，抽取、提炼出制度变迁过程背后稳定存在的逻辑因素：制度情境（政策性担保机制生成的结构动力）、路径依赖（维系政策性担保机制存续的历史惯性）、关键节点和历史否决点（政策性担保机制制度变迁的机会结构）。科学地解释了政策性担保机制的生发机理与本质特征。

第二，将政策性担保机制"支农"过程与农业经营主体申请、使用、偿还政策性担保贷款的交易循环相结合，从政策性担保机制"支农"契约缔结、履行视角，构建了政策性担保机制"支农"效应评估的理论框架——缔约阶段的助贷效应、节本效应；履约阶段的增收效应、可持续效应。将现代契约理论中的委托代理理论以及不完全契约理论运用于政策性担保机制的解释中，有助于加深对政策性担保机制"支农"过程的认识和理解，了解背后的逻辑，同时也是对现代契约理论的进一步拓展。

第三，区分了政策性担保机制下农业经营主体融资过程三类成本动因——显性融资成本、隐性融资成本、政策性担保机构的转嫁机会成本。其中，显性融资成本指涉及农业经营主体获得政策性担保贷款所需要付出现金流出的成本，包括支付给银行的利率与支付给担保公司的担保费。隐性融资成本指为了获得政策性担保贷款农业经营主体所支付的其他交易成本，包括等待的时间、维护资源的开支、声誉投资成本、资源整合交易成本、集体行动机会成本等。政策性担保机构的转嫁机会成本指政策性担保机构为了降低成本转嫁给农业经营主体的成本，包括事前信息采集与处理识别成本、事后监督控制与了结处置成本的转嫁。通过构建"基于隐性融资成本的异质性社会资本对成本支出的作用机理，以及基于转嫁机会成本的不同反担保措施对成本支出的影响机制"的理论框架，回答了不同融资成本动因作用下，政策性担保机制对不同属性特征农业经营主体成本支出的差异性影响机理。

第四，与促进论和抑制论不同，本书同时考虑政策性担保贷款规模对农业经营主体增收所产生的正负效应，由此得出倒"U"型假说，即政策性担保贷款规模存在一个债务平衡点，使政策性担保机制促进农业经营主体增收的效应最大化；同时，将政策性担保机制与农业经营主体所拥有异质性社会资本、不同反担保措施结合考虑，解释为何不同类型农业经营主体使用政策性担保贷款实现增收效应最大化的债务平衡点存在差异的问题。

1.6.2 可能存在的问题与不足

本书在以下几个方面有待改进：

第一，评价政策性担保机制"支农"效应时未进行不同运行模式"支农"效应的异质性实证检验。由于产业链模式中需要考虑核心企业的掌控程度、农业经营主体的参与程度以及农产品专用性等因素，且产业链模式在内蒙古自治区属于政策性担保机制的一种制度创新，参与的农业经营主体数量有限，很难支撑实证研究的样本量。

第二，访谈过程中农业经营主体刻意隐瞒可能会高估政策性担保机制的可持续效应。本书的调研问卷中设计了"您是否有过延迟还款"这一问题来测试农业经营主体的违约风险，针对这一问题的回答农业经营主体为了展示自己良好的信用，一般都回答没有，但是信贷员的反馈却有延迟还款的情况。因此，为了避免这一问题，本书通过与信贷员进行一一核对进行避免，同时在问卷中设置了贷款目的、贷款实际用途等相关问题进行交叉检验，但是很难避免信贷员与农业经营主体的隐瞒问题。

第三，受笔者所在的地域以及调研资金所限，本书未开展全国范围的大规模调研，研究对象为内蒙古自治区的农牧户，内蒙古自治区由于地域偏远，往往金融产品稀缺、金融服务薄弱，农牧户的金融素养水平较低，政策性担保机制的覆盖范围较小且模式较为单一，因此本书的研究结论可能仅适用于类似地区。

第2章 概念界定与文献综述

2.1 核心概念界定

2.1.1 政策性担保机制

担保的功能包括保障债权实现的初始功能和促进资金融通和商品流通的经济激励衍生功能。政策性担保机制的概念来源于担保经济激励的衍生功能，是指国家为了实现宏观调控目的，通过法律制度的安排，使符合政策导向的特定产业或经济活动更容易实现资金融通，由财政出资，不以盈利为目的，按市场经济原则运作的一种融资担保手段，属于准公共物品范畴。本书重点研究政策性担保机制对"三农"领域的作用。兼顾政策支农性与市场可持续性是政策性担保机制的基本定位。

2.1.2 政策性担保机构

本书所指的政策性担保机构是指由政府出资成立的，支持"三农"领域的，不以盈利为目的，包括农担体系内的各级农业信贷担保公司、农担体系外的由政府投资（全资或部分出资）设立的省、市、县级政策性担保公司以及政府担保基金下设的各级基金组织。

2.1.3 农业经营主体

由于"担保支农"的政策性定位,本书将农业经营主体界定为政策性担保机构的授信对象,即债务人。包括家庭农场、种养大户、农民合作社、农户、牧户等。

2.1.4 反担保措施

反担保措施是指政策性担保机构在为农业经营主体提供担保时,因要承担风险,要求农业经营主体为其再提供的担保或抵押。反担保措施实际上是政策性担保机构转移或避免担保所发生损失的一项措施,旨在保障政策性担保机构追偿权的实现。反担保措施只包括保证、抵押、质押三种方式。为了检验不同反担保措施对政策性担保机制的"支农"效应以及政策性担保机制缔约、履约条件满足程度,本书将反担保措施为保证的,界定为反担保人措施,将反担保措施为抵押或质押的,界定为反担保品措施。虽然"担保支农"政策要求,不需要农业经营主体做法律程序的反担保措施登记,但是由于政策性担保机制的门槛效应,其在筛选客户时还是重点关注农业经营主体的反担保措施是否充足。因此,本书将得到政策性担保机制担保的农业经营主体分为具有反担保品特征和具有反担保人特征两类,不同反担保特征的农业经营主体意味着不同的融资约束程度。

2.1.5 违约

本书将政策性担保贷款按照风险程度分为正常类、关注类、不良类三类。其中正常类担保贷款是指农业经营主体能够正常还款。关注类担保贷款是指农业经营主体虽然能够按时还款,但存在一些可能对偿还产生不利影响的因素。表现形式为:①还款的来源为借新还旧,或需通过其他融资方式偿还的贷款。②农业经营主体未按约定用途使用资金。③农业经营主体拖欠利息或(和)本金、分期还款脱期、垫款。④农业经营主体在其他银行的债务已经不良。⑤违反有关法律、法规或授信审批程序发放的贷款。⑥贷款目的为垒大户。不良类担保贷款是指政策性担保机构已经为农业经营主体承担了担保责任,但尚未实现对农业经营主体的追偿权,表现形式为:①农业经营主体本金或者利息已经逾期。②农业经营主体（或反担保人）已严重资不抵债，经营严重亏损，现金流量严重不足。③农业经营主体遭受重大自然灾害或意外事故，损失巨大且不能获得保险补偿。④农业经营主体（或反担保人）失踪，恶意脱逃债务。⑤农业经营主体（或反担保人）存在未决诉讼或未终结执行等问题。⑥农业经营主体和反担保人均无财产可供执行，法院裁定终结、终止或中止执行后，银行仍无法收回的贷款。⑦反担保品价格大幅下降。

政策性担保机构的政策性定位为专注农业，由于关注类担保贷款农业经营主体虽然能按时还款，但其贷款目的、还款来源、贷款用途等都与"担保支农"的政策性预期发生了偏离，若资金链断裂，将会导致代偿，引发风险。因此，本书将关注类、不良类的政策性担保贷款都界定为具有违约风险的贷款。

2.2　国内外研究现状及发展动态

2.2.1　政策性担保机制存在逻辑的争论

在中国农村信贷市场中存在着广泛的信贷配给（韩俊，2013；刘艳华，2016），其产生的原因包括：发展中国家金融抑制的政策性选择（Shaw，1973）、不对称信息造成的逆向选择（Stiglitz 和 Weiss，1981）与道德风险（Bester 和 Hellwig，1987）、高交易成本导致的金融排斥（Hung-Jen，2000）。从市场机制运作的角度来看，如果没有外力作用，信贷配给将一直持续下去，这也为引入第三方融资担保提供了一个切入点和理论基础。

学者们论证了政策性担保机制存在的必然性。第一，市场失灵本源。由于信息不对称、抵押品缺乏和风险补偿机制不健全，农村信贷市场存在市场失灵（张龙耀，2010），为了克服农业部门的信息缺口以及高风险变化性，银行必须付出更高的评估、管理、审核成本，在没有经济激励的前提下金融机构不可能保持高成本、高风险运作，因此商业银行通过实施信贷配给避免信贷市场中的逆向选择与道德风险，即金融机构一般选择不向农业部门发放贷款（Beck 等，2009）。由于有偿性、竞争性以及市场不完备性，信用担保市场上同样存在市场失灵——商业性担保机构更偏好于选择国有大型企业的低风险项目，无法满足农业部门等真正的担保需求，存在"信用担保配给"均衡化现象。在市场失灵的状态下，财政出资成立信贷担保机构是最佳的政府干预措施，为信用不足的农业经营主体提供第三方担保服务（卢立香和胡金焱，2008）。第二，农业信贷担保的准公共物品属性。基于农业的国民经济基础性地位，解决农业经营主体的融资困局、扶持农业发展对整个社会都具有很强的正外部性，不再是纯粹的私人产品，因此，信用担保具有准公共产品的属性（肖扬清，2007）。由于存在"搭便车"、资金供给方成本得不到补偿、市场供给不足等因素限制，因此应由政府部门提供信用担保产品，以弥补市场失灵导致的低于最佳数量担保供给产生的效率损失（狄娜，2001）。第三，政策性担保机制的本质剖析。政策性担保机制的本质是财政支农方式的转变以及财政支农资金使用方式的重新配置，即将直接打入农户银行账户的国家补贴款调整为对政策性担保机构的股权投资以及支农业务的奖补，使得农户的直接补贴转变为基于市场框架有借有还的银行信贷资金，有助于激发农户积极促进生产的内生动力，降低政府监督直接补贴用途的交易成本，弥补市场化方式不能为"三农"领域提供有效信贷供给的空缺，提高财政资金的使用效率，是财政思维与金融思维的互相融合（张洪武，2019）。第四，国家宏观政策传导功能。国家成立的政策性担保机构，体现了政府的政策性意图，中央财政通过调整预算，控制担保机构的注册资本金规模，担保机构通过实现资金融通、引导资金流向，使得国家的货币政策、财政政策、产业政策最终作用于符合国家宏观经济政策导向的产业群体上（林全玲，2006），通过对国家支持领域的主体提供担保资源，实现其更好的发展（许明月，2006）。因此，农业信贷担保体系构建需要政府的支持和参与，并引导、激励私人资本投入（韩喜平和金运，2014）。

同时，学者们又论证了政策性担保机制的负面影响。第一，担保的放大机制导致经济波动的影响加剧。由于发展中国家高政府补贴实现的高投资与高增长，以及较高的担保资产市场价格与借贷规模之间的相互作用，使得经济对于逆向波动非常敏感。担保机制的放大作用使经济下滑时期企业的资产严重缩水，借款人的投资规模收缩，还款能力下降，经济状况恶化（蒋平，2011）。第二，政府与市场的边界不清将扭曲担保资源的合理匹配。政府的边界不清、过度干预，一方面会使政策性担保机构丧失活力（Mishkin，1998）；另一方面还会产生借款人对政策性担保的刚性依赖（张杰，2008），人情担保、指令担保降低了贷款户的筛选标准（陈乃醒，2004），激励了信贷资金向低效率企业逆向流动，导致了预算软约束下的低效率。这种信贷资源的"错配"削弱整体经济运行效率和增长速度，政策性担保不仅不能优化资源配置，还会带来更大的资源浪费和配置扭曲（马文涛和马草原，2018）。第三，隐性担保将导致更为严重的财政风险。政府提供的政策性担保因其补贴形式比较隐蔽，不在收付实现制的财政预算中体现。在借款人正常还款的情况下财政支付为零，只有当借款人违约、政府担保代偿时，担保造成的实际债务才会反映到预算中，使其成为政府青睐的金融支持形式。但是，这种政府给予金融中介机构的隐性担保，本质上是政府的或有负债，与显性担保的形式相比，存在成本无法测量、难以有效管理、激励环境扭曲的弊端（Phaup，2009）。对于政策性担保机构，由于有政府的兜底，在筛选、监督过程中放弃审慎原则，缺乏有效的激励约束机制（白钦先和谭庆华，2010）；受保主体由于有政府的隐性补贴，将在投资决策中采取过度冒险行为，追求高风险、高回报的项目，导致投资配置的扭曲，同时他们也把将政策性担保作为"免费的午餐"，归还意愿较低（吴越，2015）。因此，政策性担保机制也是产生财政风险与财政机会主义行为的制度源泉（Christopher 和 Ashoka，1997）。第四，政府低效导致国家宏观调控政策失准。政策性担保立法属于"促进型经济法"，这类立法国家的调控领域通常是基础性领域，旨在弥补利用市场手段无法实现的提供公共产品、扶助弱势产业及群体等职能（林全玲，2006）。然而，当政府对政策性担保对象选择不当、政策性担保机构的经营者倾向于寻租的经营理念，将导致产业结构的不合理，破坏公平的竞争秩序。这些问题都将降低政策性担保基金的使用效率，使国家宏观调控政策的效力减弱（高阳，2016）。第五，激励不相容、信用风险转移、补偿机制不健全等是政策性担保机制市场化运营的制约因素。政策性担保机制的参与主体包括地方政府、政策性担保机构、银行和借款企业（张琴，2006），政策性担保的多层次委托代理关系导致的利益相关人不同角色的扮演以及利益需求，使得不同主体之间利益制衡更为繁琐，信息不对称程度更为严重，没有一种良好的激励约束机制满足各参与主体的风险收益都能对称分布（陈其安等，2018）。政府隐性担保降低了金融机构对信贷风险的管控标准（杨胜刚和胡海波，2006），如果担保契约中设置的风险担保比率不明确，政府将承担所有风险（Polackova，1998）。这扰乱了金融市场，除非有相应的激励机制促使担保机构对借款企业进行筛选与监督，否则，金融机构与借款企业的信息不对称程度并未改变，而是将信贷风险转嫁给了国家（林毅夫，2003）。

2.2.2　政策性担保机制提高信贷可得的争论

担保机制提高信贷可得作用机理主要表现在两方面：第一，抵押品替代与增信机制。对于资金提供方金融机构而言，一般通过担保品的设立来实现借贷关系的顺延，然而，由于产权与制度缺失，农业经营主体一般缺少合格的抵押品（黄惠春和徐霁月，2016），此时需要第三方担保机构对农业经营主体进行授信，克服其没有充足抵押品的缺陷，即第三方提供担保是对借款方缺失抵押品的替代（陈菲琼等，2010）。从本质来看，第三方担保机构通过担保授信，把借款方的边际信誉度提高到与自身相同的水平，补足了借款方缺失的抵押品，激发了金融机构贷款发放意愿，提高了农业经营主体信贷可得（陈东平和高名姿，2018）。第二，信号传递与信用风险缓释。第三方担保作为信号传递环境中的一种附加、间接的信号源（Chan 和 Thacker，1987），将鉴别出信贷风险传递给了金融机构，缓解了金融机构与农业经营主体之间的信息不对称。从本质来看，担保信号是一种信用风险缓释工具，将金融机构面临的逆向选择与道德风险转嫁给了担保人，金融机构之所以放贷真正看重的是"政府的隐性保险"（盛世杰等，2016）。

学者们从政策性担保机制可以缓解信息不对称导致的逆向选择与道德风险视角，证明了政策性担保机制可以提高信贷可得。逆向选择理论认为，金融机构将采用担保合约作为对借款人的筛选机制，以弥补事前信息不对称性（Berger 和 Udell，2002）；道德风险理论认为金融机构应要求高风险借款人提供更多的抵押担保，以防范借款人事后采取的不可观测行为（Boot 等，1991）。虽然两种理论可以同时运用于信贷市场，但政策性担保发挥的作用机制以及作用人群不同（尹志超和甘犁，2011）。首先，政策性担保机制的信号传导功能可以缓解事前信息不对称导致的逆向选择。基于借款人的自我选择以及信贷市场的分离均衡，借款人可以根据自身情况选择相应的利率、担保合约（Bester 和 Hellwig，1987），在逆向选择模型中，担保发挥的是信号传递功能，高质量的借款人会选择高水平的担保，向银行显示自身较好的信用能力（Chan 和 Kanatas，1985），使得传统双方信息的失衡转变为三方信息的平衡，通过三方信息共振，传递借款人具有获得贷款资格的高品质信号，以增强银行发放贷款的信心（狄娜，2007）。银企关系持续的时间越长，借款人所需要提供的担保越少，这说明银企关系能够替代担保发挥信息作用，同时也说明担保具有信息价值（Berger 和 Udell，2002）。其次，政策性担保机制的抵押品替代功能、衍生的监督、风险分担功能可以缓解信息不对称导致的道德风险。基于银行偏好于抵押贷款降低投资组合风险的利益保障需求，以及借款人因抵押品类型、金额不满足银行标准而不能获得贷款的现实情况（秦红松，2013），抵押品不仅可以赋予银行在借款人违约时的优先获偿权，同时也降低了借款人策略性违约的概率，但是银行只依据抵押品的实际价值和预期交易成本接受特定资产作为抵押品（Manove 等，2012）。在道德风险理论中，低信用等级、高风险的借款人偏好于选择担保机构提供更高水平的担保，政策性担保机制发挥的是抵押品替代机制以及衍生出来的监督机制、风险分散机制。一方面，政策性担保机构作为银行、借款人以外的第三方，具有抵押品替代的功能（许黎莉等，2019），企业获得的第三方担保越多，在贷款合约中需要的抵押物越少，通过系统外增信，提升贷款价值，弥补借款人抵押品的缺失，激励了金融机构贷款发放意愿（Cowling 和 Ventura，2009）。另一方面，政策性担保机制监督借款者的道德风险的路径是其对利率的影响。由于违约将导致担保品或有损失以及转移担保品所有权相关联的交易成本，使担保对利率的确定产生重要影响，第三方担保作为有价值的抵押品的存在，通过影响利率，增加了借款人的违约成本，降低了借款人违约的概率（Robert，1976）。另外，政府担保可以在很大程度上降低银行风险（祝健和郭艳艳，2010）。

学者们从政策性担保机制的信息劣势视角，证明了政策性担保机制不能提高信贷可得。第一，信息劣势的根源。在卖方市场、"懒惰银行"假说前提下，银行缺乏经营分散、小规模客户的动力，是担保机构可能相较于银行具有信息优势的必要条件（张弘，2019）。然而，由于政策性担保机构和客户之间同样存在信息不对称，也不具有特别的激励机制优势（黄海沧和李建琴，2003）。另外，银行可以通过结算账户更加了解借款人信息，因此，政府担保机构不比银行更具信息优势，只是转移了信贷资源，并不能增进信贷市场的效率（Weili 等，2008）。

第二，政策性担保机制的筛选动机下降，导致了逆向选择、道德风险加剧。政策性担保是对借贷双方的信贷融资担保的替代，会改变私人部门的反应和行动，形成新的风险分担机制，导致信贷融资担保原有生效途径的改变（高阳，2016），政策性担保可能引发道德风险、过度的风险偏好和过度的贷款供给（Suresh，2002）。第三，缺乏有效监督的激励。政策性担保扰乱了价格信号，扭曲了借款人动机。借款人会更加倾向于选择风险更高的投资项目，使用更高的财务杠杆，如果没有合理的监督机制，会导致借款人过度投资，面临更大的经营风险，法治水平低下、约束履约制度缺失时，借款人恶意违约动机增强（马松等，2014）。然而，由于政策性担保机制的政府兜底，挤出了银行的监督动力，使其没有激励去监督债务人的行为。同时，由于政策性担保公司效率较低（Beck 等，2008），不能提供债务合同额外的、更加有效的监督，加剧了信贷担保市场的逆向选择、道德风险，使信贷状况进一步恶化（万良勇和魏明海，2009）。

2.2.3 政策性担保机制降低融资成本的争论

首先，学者们探讨了政策性担保机制降低借款人成本的实现路径：政府隐性担保、专业化优势、互联的关系型契约。第一，政府隐性担保为政策性担保贷款提供了低利率供给。政府担保能够有效促进贷款发放，其效果比政府直接的信贷或利率补贴更普遍更有效（Negro 等，2017）。由于政府或由其支持的政策性担保机构的信用等级高于借款人，银行更愿意为由政府隐性担保的借款人配置利率较低贷款资源（Cerqueiro 等，2016）。另外，政策性担保机制在覆盖风险、弥补市场失灵方面发挥了重要作用（王传东和王家传，2006），这体现了政府的经济激励功能，促进金融机构提供低利率的贷款供给（吕劲松，2015）。第二，专业化优势能够降低贷款发放过程中的交易成本。彭磊（2003）认为，政策性担保机构由于具有担保技术的研究与开发、专业化的担保经营理念等优势，能够降低金融市场中的交易费用。第三，互联的关系型合约降低内生费用。政策性担保机制介入的产业链融资，由于其空间互联性以及时间关系性的互联关系性契约属性，使得利益相关者之间能够长期互动，降低了金融交易中的内生费用（许黎莉和陈东平，2019）。

其次，学者们讨论了政策性担保机制增加借款人成本动因，包括基于效率的担保费用定价、双重风险控制费用、财政补贴本质引发的交易费用、担保机构运营成本。付俊文和赵红（2004）提出了信用担保悖论的观点，并指出只有当担保品价值大于项目预期收益与担保费用之差时，担保机构才能够缓解借款人的融资约束，银行与担保机构的双重风险控制费用会加大担保计划的成本。He 等（2014）的研究表明，财政补贴的性质，会增加担保计划实施过程中的信息不对称和交易成本，担保机构的运营成本、政府层面的过度干预，增加了交易成本，降低了信贷市场效率。因此，政府的信贷担保计划通常难以持续。

2.2.4　政策性担保机制促进增收的争论

政策性担保机制有助于促进农业经营主体的资金融资，但是资金融资是否能够促进农业经营主体增收，现有研究形成了促进和抑制两种截然不同的观点。促进论认为，农业经营主体的资金融资通过降低流动性约束（温涛等，2016）、优化农业生产初始禀赋、改善资本配置、增加人均资本存量、平滑消费曲线、接受新技术（Eswaran 和 Kotwal，2002）等路径，可以显著提高农民的劳动生产率、收入水平和福利效应。

抑制论认为，作为一种生产投入要素，金融资本是否能够发挥增收效应，取决于信贷资金的可得性、生产投资的有效性以及融资规模的合理性。第一，在"去组织化"的制度安排中，信贷资金呈现出的"精英俘获"机制，使得"金融支农"的目标发生偏离（温涛等，2016）。第二，信贷资本服从边际报酬递减的经济学规律，当资金的使用方向和投资效率难以保证（Koetter，2008）时，农户的生产率水平低于资金使用成本，资本回报率关于资本雇佣量严格递减（武丽娟和李定，2019）。第三，过度负债会加大农户利息支出，增加生产成本，摊薄经营利润（Philip 和 Asena，2004），当现金预算与管理存在困难时，导致农户不得不求助于高利贷等非正规金融手段偿还贷款，过高的价格将引致破产成本的增加，而巨额债务也将显著影响户主的心理健康（Gloukoviezoff，2006）。另外，从供给方视角，由于国家的干预以及不完善的农村金融市场体系，使得行政捕获和市场抽取在农贷市场中的交替变化，农村金融资源配置失衡（周立，2020）；政策的模糊性使政策性担保机构、涉农金融机构做出成本最低的"一刀切"信贷政策的理性选择，忽视农户融资需求，这种简单的扩大农业贷款比例和涉农贷款覆盖范围的金融支农政策，并不能促进农户收入提高与福利增长（范亚莉等，2018）。

2.2.5 政策性担保机制违约风险的探讨

学者们基于政策性担保机制利益相关者视角，从瞄准机制失准、运行成本高昂、银行缺位、微观个体救助预期等方面剖析了政策性担保机制存在违约风险的根源。

2.2.5.1 在政策性担保机构方面

（1）瞄准机制失准。

当政策性担保机制介入后，银行—农业经营主体之间的信息不对称转变为政策性担保公司—农业经营主体之间的信息不对称（吴明理等，2002），负面的逆向选择效应处于支配地位，为后续的代偿风险埋下了隐患（杨胜刚和胡海波，2006）。Uesugi等（2010）的研究表明，参与政策性担保方案经营主体的业绩相对于没有参加者有所恶化，说明借款人一开始就不是良好的信贷主张，只有陷入财务困境、依赖长期贷款、愿意支付高额利息的借款人才更有可能使用政策性担保计划。使用信用担保计划时间越长，违约率越高，这都是政策性担保计划缺乏瞄准性的原因。

（2）运行成本高昂。

从经济角度而非发展角度考虑，政策性担保机制可持续性主要受到两个变量的影响：由部分担保贷款组合的欠款水平引起的信贷担保基金的索赔水平；保障制度实施过程中发生的人员、行政费用。因此，政策性担保机制的可持续性意味着贷款组合的低违约率和低总成本，学者们对其长期生存能力持悲观态度。究其原因，首先，没有可观的补贴，担保机构的成本将不能弥补，这些资金的管理长期依赖公共预算和年度预算增量。但是，政府的政治目标往往与担保基金经理和银行家不同，政治化的担保机制容易导致贷款违约，政治干预妨碍了可持续发展（Navajas等，2000）。其次，借款人应支付的担保费用包括两项成本要素：政策性担保的运营成本，弥补预期贷款违约的贡献。但这种小额交易的收入远远不足以支付成本，反而会激励借款人违约（Gudger，1997）。最后，政策性担保机构工作人员在对小额信贷进行评估、协助其办理银行担保贷款等业务时的成本较高，高行政成本与向银行支付的索赔净额之间的不匹配，使该系统呈现出高违约率和可持续性具有不确定性的特征（Beck 等，2009）。

2.2.5.2　在金融机构与农业经营主体方面

（1）银行缺位。

政府"埋单"导致银行预算约束"软化"，信贷扩张（马松等，2014）。在政策性担保机构与贷款银行的委托代理关系中，政策性担保机构是委托人，贷款银行则处于代理人的位置，由于担保贷款的风险基本上都由政策性担保机构承担，银行将弱化对借款企业的筛选、监督（Uesugi 等，2010）。

（2）微观个体救助预期。

隐性的政府信用担保会让微观个体形成救助预期（许成钢，2016），激励机制扭曲是农业经营主体信用软化的诱因（黄宪等，2003）。过高的担保比例诱使银行放宽贷前的审查标准，放松贷后的跟踪管理，使政策性担保机构面临双重的逆向选择和道德风险（陈菲琼等，2010），信用担保本有的功能被异化（李毅和向党，2008）。

2.2.6　提升政策性担保机制效率的讨论

2.2.6.1　政策性担保机制的履约障碍

政策性担保机制可以从抵押品替代、信用风险缓释、信用增级等方面发挥经济功能，实现农业经营主体的资金融通（韩喜平和金运，2014）。然而，政策性担保机制在履约方面却存在天然的弊端。首先，政府"埋单"导致银行预算约束"软化"、信贷扩张，过高的担保比例诱使银行放宽贷前的审查标准，放松贷后的跟踪管理，使政策性担保机制面临道德风险（马文涛和马草原，2018）。其次，当政策性担保机制介入后，银行—农业经营主体的信息不对称转变为政策性担保机构—农业经营主体的信息不对称，负面的逆向选择效应处于支配地位（杨胜刚和胡海波，2006）。再次，隐性的政府信用担保会让农业经营主体形成救助预期，扭曲激励机制（许成钢，2016）。最后，政策性担保机构缺乏抵押物处置机制降低了对农业经营主体的违约惩罚力度（陈东平和高名姿，2018）。因此，政策性担保机构是否能够解决贷前信息搜寻成本，是否具备还款激励机制、违约惩罚机制、风险分散机制是政策性担保贷款履约的关键。

2.2.6.2　政策性担保机制契约的自我履行

不完全契约是指无法缔结状态依赖的合同。语言不清晰、条款不详尽、成本收益不配比、信息不对称以及对缔约方的垄断经营是不完全契约的成因（Alan，2001）。因此，信息不对称、不确定性、交易费用、有限理性等是导致契约不完全性的重要因素，由于政策性担保机制具有交易各方的信息不对称性、农业经营主体是否按时还款的不确定性高、交易费用以及交易各方的有限理性等特征，因此属于不完全契约。

法院的强制执行以及契约的自我履行是不完全契约执行的两种方式。其中，自我履约作为一种市场机制，主要依赖私人履约成本与履约收益的比较（Tirole，1999），影响因素包括资产专用性投资、惩罚、激励、声誉和社会资本等。政策性担保机制的自我履约的前提：防范逆向选择与道德风险，即贷款发放前解决信息不对称、风险分担问题；贷款发放后解决监督问题。

（1）信息不对称的缓解。

不对称信息会引发交易的不确定性和机会主义行为，政策性担保机构通过以下几方面修正担保公司与农业经营主体之间的信息不对称性。第一，引入担保平台，通过提供农业组织的信用信息数据库，减少担保机构决策时间，降低交易费用，提高担保机构的担保意愿（龚强和王璐颖，2018）。第二，基于农村熟人社会"人缘、地缘"的推荐制度。村委会利用本地知识的信息优势进行申请人甄别，将信用不好或是不用于生产经营目的的农业经营主体排除，推荐出优质客户，降低了担保公司信息搜寻成本（田秀娟等，2016）。第三，要求农业经营主体提供足额反担保品以及合格的反担保人。反担保品作为一种信号可被视为确保农业经营主体还款能力的工具（Berger等，2011）；反担保人制度一方面对借款者违约增加了社会道德的约束，另一方面反担保人出于自身利益考虑会对农业经营主体的经营活动进行监督、信息反馈，信号传递过程持续于担保合约和信贷合约存续的整个期间（Menkhoff等，2012）。第四，由产业链的核心企业提供反担保。担保公司通过产业链上其他主体完成对客户的甄别和监督，利用核心企业与农业经营主体生产合作关系，了解农业经营主体的相关信息，减少了信息收集成本，采用批量放款，降低了单位交易成本（吴本健等，2018）。第五，契约菜单甄别机制。通过设计不同担保费率和承保比例组合的担保契约，可以甄别不同借款企业的风险偏好，避免逆向选择的发生（Barro，1976）。

（2）风险分担机制。

风险分散有三种渠道：第一，通过担保机构与金融机构的比例担保以及反担保条款直接分散风险。由于农业信贷担保机构与银行合作过程中的弱势地位，担保机构承担了绝大部分信用风险（蔡四平和顾海峰，2011）。"六方合作+保险模式"通过担保公司提供贷款保证担保，政府、企业、农业经营主体共同出资成立风险保障金，综合风险补偿共担机制有效规避了融资风险（刘西川和程恩江，2013）。第二，通过再担保和参加贷款保险向第三方分散风险。在此种模式下，有必要建立担保机构风险补偿机制、再担保基金制度以及资信评级制度（曹凤岐，2001）。第三，通过多元化经营分散风险，担保机构应开拓直接投资、代偿债权转股权、担保费换股权、担保资金在金融市场的投资运作等业务，弥补担保过程中的代偿风险。

（3）贷后监督。

资产专用性、惩罚、激励、社会资本等是契约自我履约的必备条件（米运生等，2016）。第一，资产专用性投资反映"套牢"效应，如果借款方经营的是专用性较强的资产项目，假设其违约，之前投资就会贬值或者成为沉没成本（张维迎，1996），例如，内蒙古财信农业信贷担保有限公司对甜菜种植户的授信，甜菜属于专用性较强的农作物，种植户如果不按时还款，产业链的核心企业将终止收购，则前期投入都将损失（许黎莉和陈东平，2019）。第二，惩罚通过终止交易关系使违约方的直接资本损失与声誉资本贬值，同时，增加违约方其他交易的成本。如果惩罚的损失大于遵守契约的收益，那么契约可以自我履行（Telser，1966）。例如，反担保品对于农业经营主体而言是一种或然损失，由于担保人和农业经营主体对其价值评价不同，转让反担保品对于农业经营主体来说是一种惩罚也造成了直接损失（威廉姆森，2008）。第三，激励实质上是给潜在违约者一个溢价。政府对按期还款农户给予的利息补贴、增加信用额度是昆山农村合作经济投资担保公司的激励机制（王玮和何广文，2008）。第四，社会资本主要包括社会规范、信任、社会网络三方面，通过乡规民约、习惯等非正式制度将道德规范内化为每个人的基本判断，使大家下意识地去服从（青木昌彦，2016）；通过民间权威和声誉的自我约束降低机会主义；通过网络内部自发的监督，降低监督成本（Bardhan，1980）；通过信任与网络构建起来的社会制裁功能替代了担保物的风险防范作用，在组织框架内生成筛选匹配机制（Besanko 和 Thakor，1987）。第五，声誉。Kreps 和 Wilson（1982）建立了声誉模型（KMRW）：相对于一次性交易的非合作博弈均衡，买卖双方更愿意接受重复博弈的多期契约，因为可以获得更大的净收益。声誉的信号功能可以缓解逆向选择、防止道德风险（刘西川等，2014）；声誉的交易功能能够对违约者施加可置信的私人惩罚（Pfeiffer 等，2001），降低未来缔约时的交易成本（雷新途和李世辉，2012）；资本增值功能（Tadelis，2002），使合作剩余与声誉租金最大化（Hoff 和 Stiglitz，1998）。

2.2.6.3 互联的关系型合约的契约属性

封闭的农村社会结构和合约形式具有如下两个特点：第一，从时间维度上表现为关系型合约；第二，从空间角度上表现为互联合约。关系合约（Relational Contract）的本质是将合同治理结构嵌入在不同质的关系结构中，通过交易各方的关系来弥补合同的不完全。在关系合约中，由于缔约主体相对稳定，社会交往范围固定，部分私人信息只能长期内被合约参与各方观测，不能被第三方观察到，所以只能依赖双方的长期博弈来自我实施（王永钦，2006）。互联合约（Interlinked Contract）是将几宗看上去属于不同市场和不同时期的交易联合起来捆绑签约，具有同时性、互为条件性、内部封闭性的特点（陈东平和张雷，2017）。这符合"过程监督管理、欺诈行为处罚、损失结果追踪"的诚信治理原则（姚宇和袁祖社，2019）。许黎莉和陈东平（2019）的研究表明，政策性担保机制介入的产业链模式，由于具有互联关系型合约属性，声誉在其中发挥信息效应和资本效应，可以实现相关利益主体合作剩余最大化，政策性担保机制自我履约。

2.2.7 文献述评

已有研究取得了较为丰硕的成果，为本书研究奠定了坚实基础，但也存在进一步探讨的空间。

首先，从研究对象来看，学者们研究农村金融市场，主要对农户的正规借贷行为进行探讨，鲜有文献关注政策性担保机制这一特殊的借贷资本的生产效率；学者们研究政策性担保机制，大多从中小企业或担保机构视角对政策性担保机制的运行效率进行评价，很少有学者从农业经营主体视角，回答政策性担保机制是否以及如何发挥"支农"效应的问题。政策性担保机制作为乡村振兴背景下国家大力投资的创新性政策金融工具,这一欠缺显然不利于评价财政支农资金运用于"担保支农"的使用效率。

其次,从分析框架来看,现有研究从不同角度解释了政策性担保机制发挥的作用,也从不同侧面对政策性担保机制的政策效果进行评价。但是尚未有研究将政策性担保机制的支农效应以及政策性担保机制在农村金融市场失灵的本质原因纳入政策性担保机制"支农"契约的缔结和履行框架中进行评价、剖析。更鲜有研究将"担保支农"契约的缔结、履行过程与农业经营主体申请、使用、偿还政策性担保贷款的交易循环相匹配,通过评价"担保支农"缔约阶段的助贷效应、节本效应,以及履约阶段的增收效应、可持续效应,全面、立体、客观反映政策性担保机制在农村金融市场中的作用。

再次,从研究内容来看,学者们对政策性担保机制"提高信贷可得、降低融资成本、增加收入、发生违约"的评价仅局限于对"是与否"的回答,缺少政策性担保机制对具有何种属性特征的农业经营主体更为有效的回答。在国家财政大力投入的前提下,一种资源的注入必然会产生一定的作用效果,在不考虑担保对象异质性特征的前提下,仅单一地评价其政策效果,这样的问题可能不是规范的科学问题。同时,在农村"熟人社会"以及缺少合格抵押品的背景下,这一欠缺显然不利于全面、正确理解农村金融市场中政策性担保机制对不同属性特征农业经营主体担保供给的差异性、规律性作用原理,研究结论的科学性和可靠性也会受到影响。

最后,研究设计的科学性角度,现有针对政策性担保机制的研究,研究方法较为单一,多为基于博弈论的理论分析或案例研究,缺少从农业经营主体视角的大样本实证检验。其他视角的实证研究未考虑内生性问题以及变量测度偏误等问题,模型构建时忽略了相关经济学原理,数据较为陈旧,因此可能产生一定的估计偏误,影响研究结论的可靠性。案例研究中,学者们大多只采用单一案例对假设进行佐证,缺少正反案例的对比分析,这一欠缺可能会忽视真正发挥作用的某种因素,难以清晰揭示政策性担保机制的作用原理,最终影响研究结论的严谨性。

基于此,本书通过对内蒙古自治区 6 个盟(市)70 个村(嘎查)843 户农牧户的大样本调研，对政策性担保机构、合作银行、反担保人等相关利益主体的深度访谈，从政策性担保机制"支农"契约的缔结、履行视角开展研究，对政策性担保机制的"支农"效应进行评价。针对政策性担保机制的"支农"效应的评估，本书将"担保支农"契约的缔结、履行过程对应于农业经营主体的申请、使用、偿还政策性担保贷款的交易循环，从微观视角，采用 PSM、OLS、2SLS、LIML、Probit、Logit 方法，实证检验政策性担保机制缔约阶段是否以及如何发挥助贷效应、节本效应；履约阶段是否以及如何发挥增收效应、可持续效应。为了使研究结论更加丰富可靠，本书还从信息甄别视角，基于社会资本理论、效用函数、结构洞理论、监督租理论等，分别考察政策性担保机制对不同属性特征（软信息：异质性社会资本；硬信息：反担保措施）农业经营主体的差异性作用原理。以期加深政界、学术界、实践界对政策性担保机制内涵的认识和理解，同时为政策性担保机制可以最大程度发挥"担保支农"的政策效应、实现健康可持续发展提供政策建议。

第3章 理论基础、分析框架与 调查设计

3.1 相关理论基础

3.1.1 契约理论

契约又称为合约，对应英语单词"Contract"。契约是以交易为分析单位，指交易各方依据各自意愿所形成的承诺安排（张五常，2015）。契约分为三种类型，包括古典契约、新古典契约和关系契约（Macneil，1980）。其中，古典契约隐含了完全市场的理论模式，是对分立、瞬时的交易进行描述，认为交易中的信息完全公开，不受交易者的个体特质影响，不存在机会主义行为，不存在第三方。新古典契约认为，交易过程中存在信息不对称，交易者可以对契约在执行过程中会产生的问题进行预判，并将其列入契约的条款中，一旦签订契约，就要按照约定执行。契约的执行受到交易者个体特质的影响，存在机会主义行为，若交易各方存在分歧，将通过法庭第三方进行裁决，以确保契约的可执行性。关系契约依据交易各方的共同利益而达成，由于未写明契约执行过程中所有可能的情况和处置方式，交易过程中的信息不对称程度更强。契约的执行同样受到交易者个体特质的影响，当发生分歧时依据谈判和协商机制进行解决，而不是求助于法庭第三方

的裁定。三种契约分别对应市场治理、三方治理、双方治理、统一治理，资产专用性是契约治理时需要考虑的重点因素（Aoki 和 Jackson，2008）。

3.1.2 社会资本理论

社会资本是个人通过成员身份在社会网络或社会结构中获取稀缺资源的能力（Portes，1998），通过发挥抵押品替代、信号传递、规范和有效惩罚等机制，成为缓解农户信贷约束、促进农户增收的重要载体。由于中国农村乡土社会结构的差序格局特点（费孝通，1985），农民的社会资本存在不均等性和非同构性，使得社会资本在作用于农户借贷行为以及促进农民收入增加时，作用机制、路径与结果存在明显的异质性。

社会资本可以通过信贷资金可得性、信贷合约的达成与履行以及社会变迁等路径对农户借贷行为施加影响。首先，在正规金融市场中，农村信贷资源大多被社会关系广泛的农户所占据，社会资本配给作为一种来自需求方的非价格配给方式，会使农户自动退出信贷市场。由于穷人没有额外的资本用以扩展社会网络，非正规信贷市场亦存在信贷约束问题，表现为强关系的非正式社会资本会放大信贷约束效应，而以地位寻求为目标的正式社会资本在这个过程中则作用有限。其次，社会资本通过发挥抵押品替代机制与弥补信息不对称促进贷款合约的达成；关系型民间借贷由于具有血缘、地缘和业缘三种特征，因此可以实现契约的自我履行。银行通过了解借款人的社会资本情况，将单一的外部监督转化为内外双重监督并重，避免农户违约。最后，从制度变迁角度来看，社会资本通过发挥工具性作用与情感性作用介入农村非正规金融的过程。然而，由于农村社会熟人信任的基础弱化，民间金融的风险和成本递增，以社会网络为基础的民间借贷的可持续性需进一步探讨，农村金融市场需要从道义金融向契约金融转变。

社会资本通过社会网络、集体信任与规范路径，促进农民增收。首先，Granovetter（1973）将社会资本界定为个体嵌入于社会网络内的资源，社会网络是个体获得资源的手段和途径，具有"工具性"本质，其中的弱关系作为一种社会资源，起到信息桥梁的作用，为行动者提供非重复信息，弱关系背后隐藏着强关系网络的桥梁，能够获得更加实质性的帮助。其次，从集体视角出发，社会资本能够通过协调行动来提高经济效率的网络、信任和规范。在农民处于面对面的关系之中时，通常将信守诺言视为重要的资产，当交易无法瞬间完成时，信任促进了广泛、有效，低成本的交易，与市场制度相互补充，农民相信由此产生的长期收益将超过长期成本。

3.1.3　信息不对称理论

信息不对称是指交易双方拥有的信息不同质，信息占优的一方可以采取自利行为，造成劣势一方利益受损，无损市场效率。以发生时间作为分类标志，信息不对称分为事前不对称和事后不对称。其中，事前信息不对称会使信息优势方发生隐藏信息的逆向选择行为；事后信息不对称会使信息优势方发生道德风险。以信息内容作为分类标志，信息不对称又分为隐藏行动和隐藏信息。学术界普遍认为，信息的不对称性是造成农村信贷市场中农户信贷配给的重要原因（Hoff 和 Stiglitz，1990）。贷款发放前，银行难以识别借款人的风险偏好。贷款利率上升时，风险偏好较高的借款人反而追逐更高风险、更大回报的项目，而风险偏好较低的借款人放弃借贷。因此，当贷款利率上升超过临界值，会造成信贷配给的产生。贷款发放后，由于银行难以有效识别贷后用途，在贷款利率上升时，风险偏好较高的借款人倾向于选择更高风险、更大回报的项目，而风险偏好较低的借款人选择提前还款，也会造成信贷配给的产生。

3.1.4　互联性交易理论

互联性交易是指将不同市场分开的交易条款和条件联结起来，形成相互关联的契约，主要包含三个特征：第一，以互为条件促进交易达成；第二，对外界贸易者形成门槛或壁垒；第三，全部交易同时集中在一个契约里。

举例来讲，资金供给者为 A，资金需求者为 B，A 将钱借给 B 的前提是其放贷的收益率 i^* 不低于投入其他资金用途上可获得的收益率 i，而 B 愿意向 A 借钱的前提是借钱所带来的生产收益 w^* 不低于其从事其他工作的机会成本 w。因此借贷契约达成的约束条件是：

$$i^* > i \tag{3-1}$$

$$w^* > w \tag{3-2}$$

德布拉吉·瑞（2002）将产出价值 s 定义为纵轴，含义为农产品产量 Q 乘以市场价格 p，将贷款额度 l 定义为横轴，在 B 的生产函数边际产出递减的情况下，互联性交易与纯信贷契约最大化剩余的变化如图 3-1 所示[①]。

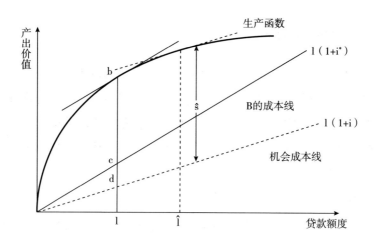

图 3-1　互联性交易信贷与纯信贷契约

在纯信贷契约中，机会成本利率为 i 条件下，B 的联合利润为 $\hat{s}$，贷款规模为 $\hat{l}$。由于现实中 A 所要求的利率往往会高于市场利率，因此 B 的生产成本函数变为 l（$1+i^*$），贷款规模为 l，联合利润为 bd。显然，bd 小于 $\hat{s}$。意味着纯信贷契约无法达到最佳效率。

在互联性交易中，A 可以接受较低的农产品买入价 $\hat{p}$ 和较低的贷款利率 $\hat{i}$，并保持价格和边际成本之比相对于 $\frac{p}{1+i}$ 不变时，使 B 获得最优贷款规模 $\hat{l}$，得到 w_0 的收益，A 则获取更大的收益 $\hat{s}-w_0$。

3.1.5　声誉理论

声誉是交易各方在长期交易中相互作用形成的结果，可以实现信息传递与资本增值功能。Akerlof（1970）在柠檬市场问题研究中指出，声誉具有信号传递的功能，对解决信息不对称有重要作用。同时，参与博弈者的历史行为往往会影响

[①]　本图基于德布拉吉·瑞《发展经济学》（北京大学出版社，2002）图 14-7 改进而来。

博弈策略，因此博弈者的声誉也会影响博弈的结果（Kreps 和 Wilson，1982）。另外，作为一种无形资本，声誉在产生"租金"的同时，也承担声誉形成的沉没成本，具有资本效应（Tadelis，2002）。

3.2　分析框架

本书从政策性担保机制服务于农村金融市场时存在"缔约阶段高门槛、履约阶段高违约"的现实问题出发，依据现代契约理论分析范式，将政策性担保机制完整的"支农"（交易）过程概括为政策性担保要素使用权交易契约的缔结和履行过程。其中，缔结过程完成了农业经营主体获得政策性担保机制授信、向金融机构借款的交易；履行过程完成了农业经营主体使用并偿还政策性担保贷款的交易。政策性担保机制的"支农"过程实质上涵盖了农业经营主体申请、运用、偿还政策性担保贷款完整的交易循环，是通过缔结、履行一系列政策性担保借款契约、收入契约、偿还契约等来完成的，这些契约作为子契约（束）嵌套或耦合在"担保支农"契约缔结与履行过程当中。因此，本书在"担保支农"契约缔结阶段，对政策性担保机制的助贷效应与节本效应进行评价，即在剖析政策性担保机制对农业经营主体的信贷可得、融资成本作用原理的基础上，解释"为何政策性担保机制存在缔约阶段高门槛"的现实问题。在"担保支农"契约履行阶段，对政策性担保机制的增收效应与可持续效应进行检验，即在阐明政策性担保机制是否以及如何对农业经营主体的收入增长、信贷违约产生影响的基础上，解释"为何政策性担保机制存在履约阶段高违约"的现实问题。另外，本书将从信息甄别的视角讨论政策性担保机制对具有不同属性特征农业经营主体的作用路径和差异效果。从本质来看，农村信贷市场失灵都是由于借贷双方之间的信息不对称引起的，农业经营主体通过自身的"软信息——异质性社会资本"与"硬信息——不同反担保措施"向外界传递自身特征的信号，其中，社会资本按照是否具有政治身份可划分为正式、非正式社会资本，反担保措施按照是否具有物的担保划分为反担保品措施、反担保人措施。通过对每一个效应核心机制的揭示与效应达成检验，使本书的研究有深度、有显示度。具体逻辑分析框架如图 3-2 所示。

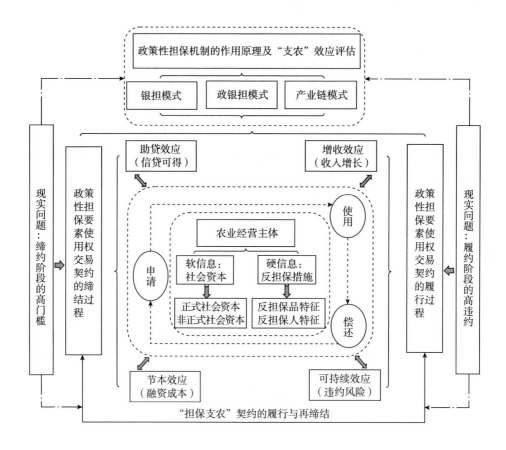

图 3-2　逻辑分析框架

3.2.1　缔约阶段：政策性担保机制的助贷效应检验

借鉴 Besanko 和 Thakor（1987）的分析框架，对有政策性担保机制介入和没有政策性担保机制介入两种情况下银行信贷政策的纳什均衡解进行比较分析，得出政策性担保机制在农业经营主体禀赋不足时发挥了第三方——抵押品替代功能，通过系统外增信弥补了农业经营主体的禀赋不足，实现了农业经营主体的资金融通。

为进一步回答"政策性担保机制的助贷效应对哪类农业经营主体更为有效"这一问题，首先，剖析了政策性担保机制作用下，异质性社会资本对农业经营主体信贷可得的影响：通过对异质性社会资本的特征表达进行梳理，得出"社会资本投资不同，农业经营主体嵌入社会网络结构不同，具有的社会信用属性也不同"的结论。由于拥有正式社会资本的农业经营主体具有政治关系的社会信用，其与政策性担保机构接触的概率增大，信息不对称程度降低，获取政策性担保资源能力的优越性更强，资金融通作用更加显著。其次，分析了政策性担保机制作用下，不同反担保措施对农业经营主体信贷可得的影响：根据逆向选择模型的推导，证明政策性担保机制具有一定的门槛效应，由于不同反担保措施的契约本质、信息含量、信号传递方式、传递成本存在差异，导致政策性担保机构对不同反担保措施的事前可置信承诺的可靠程度判断标准存在差异，反担保品措施在以上方面存在优势，因此政策性担保机制对具有反担保品特征的农业经营主体的资金融通作用更强，即反担保品优先。因此提出待检验假说如下：

　　H1：政策性担保机制的介入能够提高农业经营主体的信贷可得。

　　H1a：相对于拥有非正式社会资本的农业经营主体，政策性担保机制更能够增加拥有正式社会资本农业经营主体的信贷可得。

　　H1b：相对于具有反担保人特征农业经营主体，政策性担保机制更能够增加具有反担保品特征农业经营主体的信贷可得。

3.2.2　缔约阶段：政策性担保机制的节本效应检验

　　通过对经济学成本理论的延伸和扩展，构建了政策性担保融资过程成本动因的理论分析框架。政策性担保机制作用下，农业经营主体融资过程的成本项目包括显性融资成本、隐性融资成本以及政策性担保机构的转嫁机会成本。

　　通过剖析金融机构低利率供给、政策性担保机构低担保费率供给的动因，证明政策性担保机制衍生的经济激励功能可以降低农业经营主体的显性融资成本。为进一步研究"政策性担保机制对不同属性特征农业经营主体成本支出的影响机制"，首先，基于隐性融资成本的异质性社会资本对成本支出的影响，借鉴林南（2005）社会资本理论四要素"强化、社会信用、信息、影响"逻辑框架，证明由于拥有正式社会资本的农业经营主体需要承担声誉投资的高沉没成本、政治资源的高维护成本、资源整合的高交易成本、集体行动的高机会成本，使得其相对于拥有非正式社会资本农业经营主体需要承担更高的隐性融资成本，因此成本支出较高。其次，基于转嫁机会成本的不同反担保措施对成本支出的影响，借鉴陈东平和丁力人（2020）对信贷四类成本的研究，证明由于反担保人可以替代政策性担保机构进行贷前筛选、贷后监督，因此，相对于具有反担保人特征的农业经营主体，政策性担保机构将贷前信息采集、处理识别成本，以及贷后监督控制成本、了结处置成本转嫁给具有反担保品特征的农业经营主体的机会成本更高，具有反担保品特征的农业经营主体的成本支出较高。因此，提出待检验假说如下：

H2：政策性担保机制的介入能够降低农业经营主体的融资成本。

H2a：相对于拥有正式社会资本的农业经营主体，拥有非正式社会资本的农业经营主体的成本支出较低。

H2b：相对于具有反担保品特征的农业经营主体，具有反担保人特征的农业经营主体成本支出较低。

3.2.3 履约阶段：政策性担保机制的增收效应检验

借鉴 Obstfeld 和 Rogff（1996）的研究，设定获得政策性担保贷款农业经营主体的效用函数，通过模型求解得出农业经营主体的收入增长受到净收益效应与消极效应的共同影响。通过剖析政策性担保贷款供给持续增加，对净收益效应与消极效应的作用机制，得出政策性担保机制存在一个政策性担保债务平衡点，可以实现农业经营主体增收效应最大化，其对农业经营主体增收效应的影响呈倒"U"型曲线。

为进一步解释"不同类型农业经营主体政策性担保机制债务平衡点的异质性特征"这一现象，首先，剖析了异质性社会资本对债务平衡点的影响，根据差序格局理论，非正式社会资本通过同质性互动、声誉机制以及情感性互动对债务平衡点施加影响，较多的非正式社会资本更容易提高净收益效应，挤出消极效应，因此债务平衡点偏高。正式社会资本通过异质性互动、维护机制以及目的性动机对债务平衡点施加影响，丰富组的净收益效应下降趋势明显，消极效应更容易凸显，因此债务平衡点偏低。其次，阐明了不同反担保措施对债务平衡点的影响，通过对不同反担保措施区域特征的总结，基于匹配效应，解释具有反担保品特征的农业经营主体更容易存在成本收益不匹配、信贷周期与生产经营周期不匹配、生产经营能力与贷款规模不匹配、政策导向与农业经营主体认知不匹配等情况，所以导致净收益效应作用区间较小，消极效应作用区间较大，债务平衡点偏低。因此提出待检验假说如下：

H3：政策性担保机制对农业经营主体增收效应的影响呈倒"U"型曲线，即存在一个政策性担保机制债务平衡点，可以实现农业经营主体增收效应最大化。

H3a：相较于非正式社会资本较少的农业经营主体，非正式社会资本较多的农业经营主体政策性担保机制债务平衡点偏高。

H3b：相较于正式社会资本较少的农业经营主体，正式社会资本较多农业经营主体的政策性担保机制债务平衡点偏低。

H3c：相较于具有反担保品特征农业经营主体，具有反担保人特征农业经营主体的政策性担保机制债务平衡点偏高。

3.2.4 履约阶段：政策性担保机制的可持续效应检验

为进一步回答"政策性担保机制是否具有可持续性，何种类型农业经营主体更倾向于信贷违约"这一问题，首先，针对异质性社会资本对政策性担保机制信贷违约的影响，根据"结构洞"理论，剖析了政策性担保机制由于缺乏合理的农业生产经营规划，且更倾向于投资高风险、高收益项目将导致逆向选择；由于评价机制扭曲、人情监管以及人情投资的逐利性将导致道德风险。因此，正式社会资本的违约概率较大。其次，针对不同反担保措施对政策性担保机制信贷违约的影响，借鉴 Laffont 和 N'Guessan（2000）反担保品决定模型，通过比较政策性担保机制下无监督、直接监督、代理监督下的最低反担保品要求以及农业经营主体的有限责任租，得出代理监督比直接监督更为有效取决于代理监督能否改变农业经营主体的努力程度，即监督活动引发的农业经营主体有限责任租的降低能否覆盖监督成本，以及反担保人相对于政策性担保机构的监督技术。由于反担保人与农业经营主体之间没有紧密的生产合作与共同利益驱使，且农业经营主体需要付出额外的搜寻、维护成本，所以，反担保人措施下的监督成本较高、监督技术有限，不能改变农业经营主体的努力程度，违约率较高。因此提出待检验假说如下：

H4：拥有正式社会资本的农业经营主体违约概率高于拥有非正式社会资本的农业经营主体。

H5：具有反担保人特征的农业经营主体违约概率高于具有反担保品特征的农业经营主体。

3.3　调查设计及样本选取

基于本书的研究目标和研究内容，实证分析政策性担保机制的"支农"效应，即政策性担保机制是否以及如何发挥缔约阶段的助贷效应、节本效应，履约阶段的增收效应、可持续效应问题，需要设计调查问卷，对农业经营主体进行实地调查。在内蒙古自治区呼和浩特市、包头市、乌兰察布市、锡林郭勒盟、通辽市、赤峰市6个盟（市）70村（嘎查）中开展实地调查，调查地区农业经营主体的代表性以及样本情况如下：

3.3.1　调查地区及样本代表性分析

调查地区经济社会发展具体情况如表3-1所示。

表3-1　2019年样本地区经济社会发展指标与比较

指标	呼和浩特市	包头市	乌兰察布市	锡林郭勒盟	通辽市	赤峰市	内蒙古自治区	全国
人均GDP（元）	89000	93700	38700	75500	40400	39400	67926	70800
人均GDP排名	5	4	11	6	9	10	17	—
农业GDP占比（%）	4.20	3.50	7.60	13.80	22.30	18.95	10.82	7.10
农民人均纯收入（元）	38306	44748	22338	32460	23656	22826	28376	28228
农民人均纯收入排名	5	1	11	6	9	10	10	—
农业人口占比（%）	29.60	16.10	49.20	33.30	49.90	48.90	36.60	40.42
涉农贷款（亿元）	1825.31	559.46	431.67	571.19	568.31	968.53	8425.17	—
农户贷款余额（亿元）	275.34	184.66	162.55	126.94	158.60	508.37	2217.74	—

续表

指标	呼和浩特市	包头市	乌兰察布市	锡林郭勒盟	通辽市	赤峰市	内蒙古自治区	全国
其中：农户农林牧渔业贷款（亿元）	161.86	61.23	148.65	117.61	136.20	310.59	1576.46	—
农户消费贷款（亿元）	99.27	90.94	10.50	6.23	16.92	124.66	418.48	—

资料来源：《中国统计年鉴》《内蒙古统计年鉴》和中国人民银行数据库。

3.3.2 调查抽样情况

本书使用的数据来源于课题组 2020 年暑期赴各调研地区入户调查，样本分布情况如表 3-2 所示。

表 3-2 样本地区和农业经营主体分布情况

指标	呼和浩特市	包头市	乌兰察布市	锡林郭勒盟	通辽市	赤峰市	合计
乡镇数（个）	58	43	69	36	79	118	778
样本乡镇数（个）	4	6	6	9	11	2	38
样本村（嘎查）数（个）	10	10	11	16	17	6	70
样本户数（户）	130	108	68	92	389	56	843
其中：获得政策性担保贷款户数	0	0	23	0	300	47	370
未获得政策性担保贷款户数	130	108	45	92	89	9	473

资料来源：《内蒙古统计年鉴》及调研情况。

为了准确评估政策性担保机制的"支农"效应，笔者设计了农业经营主体调查问卷，调查内容主要包括以下 10 个部分：农业经营主体家庭成员的基本情况、生产经营情况、借贷情况、贷款履约情况、社会资本情况、投资收益情况、参与合作社情况、参与产业链情况、金融素养测评、家庭资产负债表与利润表。为了反映政策性担保机制对农村金融市场的影响，在调查农业经营主体借贷情况时，特别区分了农业经营主体正规信贷与非正规信贷需求及其行为，其中正规信贷又区分了政策性担保贷款以及普通正规信贷。同时，为了评估政策性担保机制是否解决了农业经营主体融资难、融资贵、增收、履约等问题，还特别设计了以下问题：第一，是否申请政策性担保贷款，申请后是否获得，未申请以及申请未获得政策性担保贷款的详细原因。第二，申请政策性担保贷款和实际得到政策性担保贷款的信息，包括对政策性担保贷款的认知、政策性担保机构是否贷前走访和贷后监督、反担保措施、等待时间、利息、担保费率、期限、用途、与生产周期是否匹配以及还款情况等。

第4章 政策性担保机制的制度变迁、运行现状与模式比较

随着商品经济的发展，商品交易过程中开始出现债权债务关系，为保障债权人利益、防止债务纠纷，担保措施与担保制度也随之产生。从最早出现担保行为的秦汉时期，到古代担保制度发展最辉煌的宋代，到 20 世纪 90 年代为中小企业融资服务的专业信用担保机构出现，再到今天中国的农业信贷担保体系，政策性担保机制的发展与演进经历了漫长且曲折的过程。因此，本章基于历史制度主义视角，阐明不同时期政策性担保机制的制度特征与制度演化的基本逻辑，同时总结农村金融市场中政策性担保机制的运作模式并做比较分析，以全面反映当前政策性担保机制的运行现状。

4.1 历史制度主义视角下政策性担保机制的制度变迁

历史制度主义（Historical Institutionalism）作为前沿性综合理论研究范式，解释政策性担保机制的制度变迁具有一定的适用性。首先，历史制度主义重点关注政治领域中的制度变迁。政策性担保机制本质上是一种具有"财政+金融""政府+市场"属性特征的政策性金融工具，不同时期政策性担保机制的政治使命、政策边际效应以及政策效能表现都属于政治现象，因此在分析政策性担保机制制度变迁的过程中引入历史制度主义具有合理性。其次，对中层制度的分析是

历史制度主义的着力点,政策性担保机制连接宏观经济制度与微观农业经营主体,属于中层制度。最后,微观主体行为、路径依赖、关键节点、历史否决点等历史制度主义中的制度变迁观点,在一定程度上契合了中国政策性担保机制的制度变迁。因此本章基于历史制度主义视角,对政策性担保机制四个发展时期的制度情境、路径依赖、关键节点和历史否决点进行剖析,尝试探寻政策性担保机制制度变迁的基本逻辑,如图4-1所示。

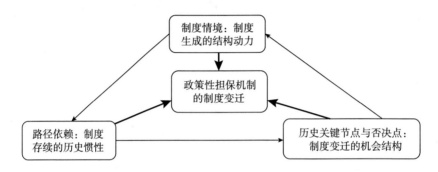

图4-1 政策性担保机制制度变迁的逻辑因素

4.1.1 政策性担保机制的制度演变历程

本部分以产权属性、功能定位、制度基础为切入点,以重大历史事件或关键性政策文件为依据,将政策性担保机制的制度演变历程分为四个发展阶段。

4.1.1.1 起步探索阶段(1992~1997年):政府参与型

此阶段担保机制的功能定位为服务高新技术企业。1992年,重庆高新区管委会与中国工商银行共同出资设立融资担保基金,解决注资企业融资难问题;1993年,中国首家担保公司——中国经济技术投资担保公司成立,说明中国担保行业进入了起步探索阶段。随后,第一家地方政府设立的担保公司、为成员贷款提供担保的互助式担保基金和促进高科技成果转化的担保基金在深圳、上海、西安等地陆续出现。起步探索阶段的制度基础为1995年正式出台的《中华人民共和国担保法》,标志着担保机制向着市场化、法治化逐步迈进。

4.1.1.2 基础构建阶段(1998~2002年):"一体两翼"型

1999年6月,"一体两翼"的信用担保体系初步建成,即以政策性担保机构为主体，商业担保机构以及互助担保机构作为补充，此阶段担保机制的功能定位为服务高新技术中小企业。1999 年，培育中小企业服务体系成为党中央重要的决策部署，国务院办公厅发布的相关文件等均要求"为中小企业、高新技术企业的创业和发展提供筹资融资、贷款担保等帮助"。中小企业信用担保的体系建设首先是从基层发起试点，形式多样的试点为"一体两翼"提供了实践基础，具体包括设立担保基金（山东济南、安徽铜陵、江苏镇江等地区）、组建专业性担保机构（陕西、广东、湖北、北京等地区）、政府财政部门与商业担保公司合作（上海、北京等地区）。2001 年，试点范围扩大至全国，担保机构的数量、资本规模、担保金额扩张迅速，由财政部督促中小企业融资担保工作顺利开展。

4.1.1.3　发展、失序并存与行业整顿阶段（2003~2014 年）：商业主导型

此阶段担保机制的服务对象仍聚焦中小企业。2003 年《中华人民共和国中小企业促进法》颁布，2009 年底，带担保字样的担保机构数量为 13735 家，达到峰值。发展壮大的制度基础包括：第一，规范跨省区经营以及会计核算。相关法规包括 2005 年印发《国家发展和改革委员会关于跨省区或规模较大的中小企业信用担保机构设立与变更有关事项的通知》《担保企业会计核算办法》等。第二，促进担保机构的可持续发展。相关法规包括 2006 年《关于加强中小企业信用担保体系建设意见的通知》；2008 年《关于中小企业信用担保体系建设有关工作的通知》；2010 年《融资性担保公司管理暂行办法》及 8 个配套制度、《融资性担保公司接入征信系统管理暂行规定》。

经过 20 年的发展，中小企业融资担保体系存在的行业市场定位不清、机构发展无序、经营管理失范等问题逐渐显露，多家民营担保公司连续出现债券到期无力偿还、不能代偿逾期贷款，不能退还保证金、老板跑路等恶性事件。较为典型的为 2012 年 5 月，成立于 2003 年 9 月的中担担保，注册资金 5.8 亿元，向北京金融局提交了《关于停业和进入破产程序的申请》，原因是出资人虚假出资，历年审计报告造假，以担保为平台为股东融资，保证金为贷款额的 30%~100%，且投资于房地产，造成保证金损失近 14 亿元。案发时，在保余额 30 多亿元，造成 294 家贷款企业遭受损失。为此，国家出台了规范行业的制度基础包括：2012 年印发的《关于部分融资性担保机构违法违规经营的提示和开展风险排查的函》，对担保公司加强监管和风险排查进行了相关部署。2013 年成立中国融资担

保业协会助力行业发展。

4.1.1.4 迈向新时代规范发展阶段（2015 年至今）：政府主导型

此阶段担保机制的功能定位为关注"三农"、小微企业。2015 年，国务院印发意见指出，融资担保的重要作用体现在稳增长、调结构、惠民生。同年，财政部、农业部、中国银监会提出要支持建立完善农业信贷担保体系。2017 年，《关于做好全国农业信贷担保工作的通知》对农业信贷体系加强了指导，提出"明确政策、强化要求、健全机制"的建议。2020 年，全国农担体系框架已经基本建立，服务能力不断提升，业务规模加快发展，但也存在业务发展不均衡、服务对象不精准、存在一定风险隐患等问题。为此，财政部、农业部、银监会发布《关于进一步做好全国农业信贷担保工作的通知》以进一步明确目标、落实责任、完善机制、严明纪律，促进全国农担体系健康可持续发展。《融资担保公司监督管理条例》（2017 年）、《〈融资担保公司监督管理条例〉四项配套制度》（2018 年）、《关于印发融资担保公司监督管理补充规定的通知》（2019 年）等文件的出台，成为政策性担保机制规范发展的制度基础。2017 年，财政部、国家税务总局对符合条件的中小企业融资（信用）担保机构的税收优惠政策进行了规定，《关于对小微企业融资担保业务实施降费奖补政策的通知》（2018 年）、2020 年的《政府工作报告》等都将"大幅提高政府性融资担保覆盖面，明显降低担保费率"作为下一阶段工作总体部署之一。担保行业的发展整体呈现政府性融资担保机构不断发展壮大的特征。截至 2019 年末，全国担保机构 5562 家，国有占比为 47.8%；担保机构实收资本 11745 亿元，国有占比为 70.5%；在保余额27017 亿元，国有占比为 71.16%。

4.1.2 制度情境

政策性担保机制受到宏观制度背景、债权债务方的供需状况、博弈各方经济利益匹配等制度情境的影响。在历史变迁的不同时期，制度情境的表达方式不同，导致制度情境中各因素与政策性担保机制发生的结构性关联、互动机理不同，进而推动了不同时期政策性担保机制的生成。因此，制度情境是担保制度生成的结构动力。

4.1.2.1 起步探索阶段

政府主导型主要由于以下原因。第一，"改革开放、发展科技"宏观政策背景的制度需求。20 世纪 80 年代，我国实施改革开放政策以后，中小企业成为推动就业增长和科技进步的主力军。"为高新技术产业解决融资困境，促进其发展"的目标是当时国家政策的基本导向。第二，国有银行实行商业化改革为高新技术企业提供了信贷资金供给。1993 年，国有银行实行商业化改革，银行业竞争加剧，商业银行在货币宽松阶段有大量的资金找不到出路。第三，政府主导型担保机构、成员间互助担保基金是资金供需双方经济利益互相匹配的"桥梁"。国家支持高新技术产业的政策导向、高新技术型中小企业资金短缺以及商业银行大量资金闲置的时代情境，是中小企业融资担保机构出现的历史逻辑、理论逻辑和实践逻辑。在此阶段，各种形式的担保机构开始萌芽，但由于我国银行业商业化进程滞后，虽然有商业资本开始进入，总体而言，以政府与企业共同出资、企业互助为主，政府参与型担保公司占据主导地位。

4.1.2.2 基础构建阶段

"一体两翼"的制度情境包括：第一，实行经济结构战略性调整、培育中小企业服务体系的政治经济制度内在需求。20 世纪 90 年代中国加快经济体制改革后，出台了一系列深化国有企业改革、培育中小企业的政策文件，为"一体两翼"担保体系的形成提供了政策支持，政策型担保机构、商业型担保机构、互助型担保机构不断涌现。第二，国有银行商业化改革的持续深化、商业银行配合担保体系的建立，是"一体两翼"运行的实践逻辑。此阶段，国家金融体制改革对商业银行职能不断进行减负松绑，中小企业信用担保体系试点进展迅速。第三，担保行业准入门槛的降低为"一体两翼"担保格局的形成提供了便利条件。此阶段的担保机构准入门槛极低，只需要进行工商注册登记即可，业务规范管理方面约束较少，担保公司野蛮生长，担保行业隐藏风险。

4.1.2.3 发展、失序并存与行业整顿阶段

商业主导型担保机构的制度选择取决于以下制度情境。第一，支持非公有制经济的宏观政策背景、银行业巴塞尔监管标准的引入、担保资源需求的大幅增加，是商业主导型担保公司发展壮大的理论逻辑。2005 年，我国引入巴塞尔监管标准，随着监管要求大幅提高，符合条件的有效担保供给不足。社会资本逐利

进入担保市场，民营担保机构数量快速增长。第二，担保盈利模式的局限性、利润驱动和利己主义的商业机构本质、监管的缺失，是商业型主导的担保公司失序发展的逻辑根源。由于政府的干预和调控，信贷担保市场上担保费率一般为1%~2%，同时政策要求担保公司必须有80%的注册资本存入银行且不能转移，而这80%的资金回报率不会超过10%，担保公司若只经营高风险的担保业务，将会陷入收不抵支的窘境。为此，在担保业务上商业型担保公司一般采取嫌贫爱富的策略，提高授信门槛，信用风险敞口越来越小，同时实施多元化经营战略，变相地从事拆借、搭桥贷款、高风险投资等非担保业务，有些甚至直接放贷、非法集资、非法吸存。同时，由于此阶段仍然缺少统一的行业运作规范和明确的行业监管主体，经历中国人民银行、发展改革委、财政部、工信部等部门多条线监管，监管效率不高、监管制度不协调。法律法规中也没有关于担保公司的统一规定，机构性质不明确，只是发展改革委、财政部、税务总局等部门就担保机构管理中的个别问题发布过一些规范性文件。第三，民营担保公司经营环境恶化的原因包括：风险事件频发、银行信任程度降低、银担合作基础薄弱等。2006年，中国银行业监督管理委员会办公厅发布相关文件，要求金融机构严格控制与"以小搏大"的担保公司开展业务合作。担保公司市场萎缩，民营担保公司步履维艰。第四，监管体制初步建立，深层次矛盾不能短期解决，银、企、担合作模式的转变，是民营主导型担保机构转向政府主导型担保机构的需求动因。担保行业整体资信水平较低，逐渐失去银行信任，信用风险敞口越来越小，杠杆作用难以发挥，也是商业主导型向政府主导型过渡的主要原因。

4.1.2.4 新时代规范发展阶段

商业性主导的担保机制走向政策性主导的担保机制，具体的制度情境如下：第一，城市、工业、信息优先发展的宏观经济政策，农业国民经济的基础性地位与滞后发展的现实状态，政策目标与市场逻辑的冲突表达，"三农"融资担保的准公共物品属性，是担保功能定位于"三农"、政府信用重新被引入担保领域的政治经济逻辑。2004年以来，发布了持续关注"三农"问题的17个中央一号文件，国家开始对农村改善各类基础设施和提供公共服务，这都体现了国家分配性的"抽取之手"转换为"扶持之手"的政策导向（周立，2020）。为了重塑农村金融体系，中央分别采取了建立农业政策性金融机构、增加小额信贷供给、成立村级互助资金等措施，然而，从实践效果来看，与设计初衷相去甚远，基于商业逻辑的民营融资担保机构的挤出效应愈发明显。在此背景下，为了将金融资源引入"三农"领域，政府信用重新被引入担保领域，构建以政府支持的融资担保和再担保机构为基础的新型融资担保体系成为新的政策导向。第二，融资性担保机构的增信机制、政府信用的隐性支持、"三农"金融业务对银行提高利润增长点的贡献，是银行转变合作态度、银担合作模式进入转型期的理论逻辑。2009 年 2 月，中国银监会办公厅印发相关通知，取消关于与担保公司进行合作的资本金起点约束。2011 年，中国银监会《关于促进银行业金融机构与融资性担保机构业务合作的通知》，充分肯定了银担合作的积极意义，并提出要加强与融资性担保机构的信息沟通，及时了解担保行业动态，促进长期稳定合作。第三，决策层对《融资担保机构监督管理条例》以"行政法规"的高效力层级立法、国家的政策性扶持、"三农"领域经营高风险与抵押品缺失的天然弊端、银行参与的积极性，是政府主导型担保机构迅速发展的需求动因。2017 年国务院颁布条例确定了"三农"融资担保的准公共物品属性，也提出了农业信贷担保业务的财政支持政策，为政策性担保机构的可持续发展提供了制度基础。虽然"三农"具有安天下、稳民心的基础性、战略性地位，但是，由于农业天然存在的不确定性，作为市场利润主体的金融机构会抑制向农业和农户的贷款。为了调动银行参与的积极性，国家融资担保基金有限责任公司等政策性担保机构积极探索建立新型银担合作机制，以充分发挥银行体系优势，提高担保效率，扩大担保规模，切实缓解小微企业、"三农"融资难融资贵问题，这为政策性担保机构的发展提供了实践基础。

4.1.3　路径依赖

政策性担保机制从起步阶段的社会互助自发、政府参与（1992～1997 年），到"一体两翼"——政府为主导商业、互助为补充（1998～2002 年），迅速转变为商业主导（2003～2014 年），再由商业主导转变到政府主导的改革进程（2015年至今），经历了自下而上，而后又自上而下的变迁历程，由于路径依赖造成的历史惯性，阻碍了新的政策性担保机制的进一步形成。具体表现在商业主导向政府主导变迁过程中对商业性担保机制的路径依赖，以及现阶段对政策性担保机制的路径依赖。

国家设计的 "一体两翼" 型担保体系的最终结果是政策性担保机构退出担保市场，随后风险事件的频繁爆发，使商业性担保公司的弊端逐渐凸显，原本为银行分散风险的担保机制，反而导致了风险的聚集，商业性担保机制弊端暴露无遗，虽偶尔有文件建议重新引入政策性担保机制，但是商业性担保机制自我强化导致新的不利的路径依赖，对政策性担保机制的持续演进造成阻碍。第一，学习效应。由于商业性担保机制遵循市场逻辑，基于利润最大化的目标导向，导致中小企业获得信贷担保的门槛逐渐提高。同时，商业性担保机制又实施多元化经营战略，变相地从事高盈利的非担保业务，在享受政府优惠政策同时，实现利润最大化目标。因此，商业性担保机制呈现报酬递增状态，存在巨大的获利机会，从中获利的担保机构主动学习，制度不断强化并持续运转。第二，制度缺失。在商业性担保机制发展初期，由于监管制度缺失、监管主体不明，使得商业性担保机制从事多元经营或违规经营处于法律监管的空白地带，这无疑成为其无序发展的根本原因。第三，适应性预期。信息不对称、中小企业经营的高风险，导致商业性担保机制运行处于高交易成本状态，中国信贷担保市场过度竞争、担保缺乏规模经济效应的行业特征，导致担保公司既不能做大做强又无法仅靠担保业务生存的客观事实，使得商业性担保机制选择 "在攫取各级政府发展融资担保业务财政资金的同时，又拓展高盈利高风险的非担保业务，利用新业务板块的新增高额收益来抵消信贷担保业务风险" 的经营策略，成为其理性选择，基于低风险水平的巨额套利空间已成为所有商业性担保机制的适应性预期。第四，高退出成本。商业性担保机制的多元经营经历了漫长的、边际调整的过程，与商业性担保机制共生共在的利益群体（投资者、贷款方、风险投资公司等）极力维护既有制度的稳定，变革这一制度会触动既有的利益格局，加大了其退出成本。

在充分意识到商业性担保机制无法承担国家宏观调控政策使命的基础上，《国务院关于促进融资担保行业加快发展的意见》（国发〔2015〕43号）又明确了政府主导的融资担保机构是新常态下财政支农支小的创新机制，在短期内释放了巨大的制度红利的同时，通过学习效应、制度协同效应、适应性预期实现了自我强化。作为准公共产品的 "三农" 融资担保，受到市场失灵的制约，财政支持的农业信贷担保体系以及国家融资担保基金的建立，成为解决这一问题的着力点，通过弥补市场不足，降低服务门槛，完善了农业支持保护体系、深化了农村金融改革。第一，学习效应。为了降低综合融资成本，政策性担保机制不以盈利为目的。虽然保本微利经营，但财税正向激励的强化机制——担保费的奖补支持政策、可持续的资本金补充机制、代偿风险的补偿机制、税收减免等扶持政策等，使政策性担保机制报酬递增，既实现了政府的政策目标，又实现了商业的可持续性。通过学习，在风险可控的前提下提高支小支农担保业务规模和占比，政策性担保机制沿着初始路径不断运转、强化。第二，制度协同效应。为巩固、扩大政策性担保机制的制度红利，一系列配套制度安排应运而生，形成牢固的"制度笼子"，包括《融资担保公司监督管理条例》四项配套制度等，以及激励政策性担保机制发展的相关政策，包括《国家融资担保基金银担"总对总"批量担保业务合作方案（试行）》。制度约束与激励机制两者同方向匹配，相互拱卫，指导政府性融资担保机构的运作方式，极大地维系了政策性担保机制的存续与稳定。第三，适应性预期。政策性担保机构—再担保机构—风险补偿资金—地方政府的层层增信与多层次风险分解、政银担合作机制稳固的信用基础、政府信用的隐性支持，成为政策性担保机制回归本源、良性发展的适应性预期。地方政府注资、再担保体系建立，以及代偿风险补偿基金的成立，一方面使政策性担保机制形成了层层增信的链条，另一方面分担了政策性担保机制的经营风险。另外，作为一种创新担保模式，政银担"总对总"批量担保业务，弥补了以往银担"点对点"的基层政府性融资担保机构信用低、业务能力弱、成本高、风险管控专业人才不足等弱势合作地位，调动了银行与担保机构合作的积极性。当然，政策性担保机制能够回归本源、稳健运行，达成"支农支小"的适应性预期，其背后的逻辑为政府信用的隐性支持。

4.1.4 关键节点与历史否决点

关键节点是制度发展过程中的罕见事件，行为者的选择影响最终结果的可能性大幅提高，使得制度运行存在多种可能的更新、修改或改变的方向，但关键节点并不等于变化，只是制度发展过程中的微小偏差，也可能导致制度再平衡（乔瓦尼等，2017）。历史否决点阻碍制度的革新。这是一场关键节点与历史否决点的互动，是制度变迁的机会机构（郭哲和曹静，2020）。我国政策性担保机制发生了四次显著的变迁，均可以从中见其端倪。

起步探索阶段的社会自发互助式担保基金、政府参与型担保机构的产生，关键节点是国家发展科技的政策导向，高新技术型中小企业经营高风险、抵押品匮乏的行业特征，以及"融资难"的现实窘境。自下而上成立、为成员贷款提供担保、政府参与的互助式担保基金，发挥的是担保基本功能——融资结构缺陷的弥补。担保作为一种中介性服务，具有风险防范和风险分解的功能，对银行而言，担保可以分散风险，增加资产投放获取利息收入；高新技术企业则可以获取银行贷款；担保机构可以收取保费。同时，基于高新技术企业在资本充足情况下的高成果转换率与高盈利性，使得政府参与的互助型担保机制呈现报酬递增状态，由此维系了这种机制的运转。历史否决点在于：由于此时的政策性担保机制初步建成，如何发展还处于模糊状态，与其配套的监管体系、治理机制等制度安排都没有被设计出来，发展处于自由放任阶段，适应性预期不明确，退出成本低，使得政府参与、互助型为主导担保机构的自我强化机制并未形成，而是转变为"一体两翼"型。

"一体两翼"的关键节点是一系列"国家为促进中小企业发展，解决融资难问题"法律法规的出台。历史否决点在于：第一，基于政府意图的弱盈利以及政策性担保机制多层委托代理关系，使得政策性担保机制报酬递减。由于融资担保行业的高风险属性，盈利模式主要为担保业务收费，一方面，政策性担保机制由于承担支持中小企业的政策目标，在信贷担保市场上担保费率一直很低；另一方面，多层次委托代理关系的存在，导致政策性担保机制的持续经营面临不确定性。第二，制度间缺乏协调效应，使政策性担保机制不能融入既有的制度框架。由于担保体系的建立处于起步阶段，相匹配的制度并没有建立和完善起来，这种制度间协调效应的匮乏进一步影响了其可持续运行。第三，政策性担保机制内部本身缺少详尽的业务操作指引，担保机构、金融机构、企业之间缺乏有效的激励约束制度，使得竞争不充分、政府过度干预等问题出现，最终导致风险的蔓延和担保运营的失败。相反，此阶段，商业性担保机制呈现报酬递增，具有学习效应、适应性预期以及高退出成本，形成了自我强化的路径依赖，使得原本国家预期成为中小企业信用担保体系的主导力量——政策性担保机制暂时退出担保市场，补充力量——商业性担保机制却成为担保市场的主导。

商业性担保机制向政策性担保机制的制度演进经历了曲折艰辛的变迁过程。关键节点在于：自 2004 年以来，连续 17 个中央一号文件支持"三农"，着力发挥担保的经济激励功能。历史否决点在于：恶性风险事件的陆续爆发、整顿担保行业"制度矩阵"的出台、银行与担保公司薄弱的合作基础、经济新常态下商业性担保机制盈利模式的破灭，上下互动的制度变迁方式使商业性担保机制走向政策性担保机制。首先，随着商业性担保机制恶性风险事件的陆续爆发，其违规经营模式抽逃、挪用资本金、资本金结构不合理、关联交易骗取银行贷款等暴露于众。为了规范行业发展、整治商业性担保机制不规范发展的乱象，政府出台了一系列法律法规与配套的制度安排，例如，会计核算制度、市场准入制度、监管制度、融资性担保公司管理暂行办法与配套制度等，形成"制度矩阵"，整顿清理大批违规经营及风险较高的商业性担保机构。此阶段，银行与商业性担保公司之间出现信任危机，为了防范与商业性担保机构开展业务合作面临的风险，对于保证能力不足、注册资本金实缴额未达 1 亿元的担保公司，银行不予合作，且在代偿责任和担保倍数方面进行严格限制。其次，通过行业整顿，政府信用的重新引入使得政策性担保机构自身信用增强。在充分意识到商业性担保机制无法承担国家宏观调控政策使命的基础上，《国务院关于促进融资担保行业加快发展的意见》（国发〔2015〕43 号）又将政府信用重新引入担保机制中，大力发展政策性担保机制。建立了数量适中、结构合理、竞争有序、稳健运行的融资担保机构体系。政府信用的隐性支持，又形成了新一轮的路径依赖。

4.2 政策性担保机制的运行现状

4.2.1 全国政策性担保机制运行现状

我国主要通过农业信贷担保体系、国家融资担保基金两条路径解决"三农"领域的融资困境。

全国农担体系是一个具有"财政+金融""政府+市场"属性特征的政策性金

融工具,是对财政支农方式的创新,目的是放大财政支农政策效应,提高财政支农资金使用效益,化解农业农村发展"融资难""融资贵"问题。国家农业信贷担保联盟有限责任公司(以下简称国家农担公司)成立于 2016 年 5 月 6 日,是经国务院批准同意组建的政策性担保机构,是全国农业信贷担保体系在国家层面的实体机构。截至 2020 年 3 月末,33 家省级农担公司共设立分支机构 1248 家,对全国主要农业县的业务覆盖率达 92% 以上,已建成上下联动、紧密可控的农业信贷担保网络体系。全国农担体系资本金总额 794.07 亿元,其中国家农担公司 150 亿元,省级公司 644.07 亿元。自 2015 年 7 月财农〔2015〕121 号文件下发至 2020 年 3 月末,全国农担体系累计新增担保项目 74 万个,新增担保额 2540.3 亿元,累计纳入再担保项目 26.6 万个,金额 1225.2 亿元;在保项目 15.7 万个,在保余额 2117.98 亿元,相较于注册资本金,放大倍数 3.4 倍。其中,2016 年新增担保金额 175.8 亿元,新增项目 4.1 万个;2017 年新增担保金额 291.6 亿元,新增项目 7.8 万个;2018 年新增担保金额 640.6 亿元,新增项目 19.2 万个;2019 年新增担保金额 1058.9 亿元,新增项目 33.1 万个,农担业务规模年均增长91%。各省级农担公司积极探索设计符合本省特点和新型经营主体需求的担保产品,农业融资难、融资贵问题开始得到缓解,政策性效果逐步显现。全国农担从最初边组建边开展业务到全力推进业务发展,已进入快车道。

依据 2018 年《政府工作报告》关于扩展普惠金融业务、更好服务实体经济的部署,国务院常务会议决定,由中央财政发起、联合有意愿的金融机构共同设立国家融资担保基金,首期募资不低于 600 亿元,采取股权投资、再担保等形式支持各省份开展融资担保业务,带动各方资金扶持小微企业、"三农"和创业创新,基金按照"政府支持、市场运作、保本微利、管控风险"的原则,以市场化方式决策、经营。同年 7 月,国家融资担保基金有限责任公司注册成立,定位于准公共性金融机构,首期注册资本 661 亿元,财政部持股 45.39%,另外 20 家包括国有五大银行在内的机构股东,持股比例从约 0.15% 增至约 4.54%。国家融资担保基金的再担保业务已覆盖到 25 个省份和 3 个计划单列市的 1600 多个县市,累计完成再担保合作业务规模超过 6270.18 亿元,担保户数超过 38.64 万户,支小支农业务规模占比为 96.87%。

4.2.2　内蒙古自治区政策性担保机制运行现状

截至 2019 年 3 月末，内蒙古自治区辖内融资担保机构共 125 家，政策性担保机制的"支农"使命主要由农担体系内的内蒙古农牧业融资担保有限公司承担。内蒙古农牧业融资担保有限公司（以下简称内蒙农担）是经自治区人民政府批准成立的自治区财政厅独资政策性担保机构，于 2016 年 6 月组建，注册资本金 31.6568 亿元，下设通辽、赤峰、锡林郭勒、鄂尔多斯、包头和二连浩特 6 家分公司。2016 年，内蒙农担新增担保金额 14.4 亿元，新增项目 2.9 万个；2017 年新增担保金额 30.8 亿元，新增项目 4 万个；2018 年新增担保金额 12.4 亿元，新增项目 0.5 万个；2019 年新增担保金额 47.1 亿元，新增项目 2.4 万个；2020 年新增担保金额 65.3 亿元，新增项目 2.7 万个（见图 4-2）。

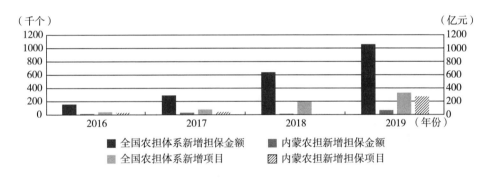

图 4-2　全国农担体系、内蒙农担运行现状

4.3　政策性担保机制运行模式总结与比较分析

4.3.1　政策性担保机制运行模式总结

目前，政策性担保机制按照契约安排不同分为三种业务模式：银担模式

（A+B）、政银担模式（A+B+C）、产业链模式（A+B+C+D）。

4.3.1.1　银担模式（A+B）

银担模式（A+B）的参与主体为银行（A）、政策性担保机构（B），是指银行前期负责筛选审查，将符合条件的客户推荐至政策性担保机构，由银行、政策性担保机构共同对项目进行评审、独自审批、贷款发放、贷后管理等相关工作，双方按照约定比例分担风险，担保公司承担一般保证责任。具体运作流程如图 4-3 所示。

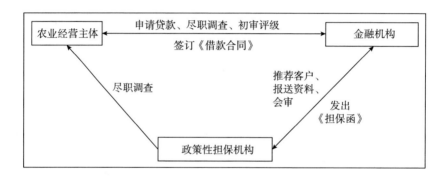

图 4-3　银担模式示意图

4.3.1.2　政银担模式（A+B+C）

政银担模式（A+B+C）的参与主体为银行（A）、政策性担保机构（B）、当地政府（C），是指由当地政府指定相关部门，如农牧局、金融办、农业投资公司、担保公司等，负责收集、整理、上报项目，管理项目；由银行、政策性担保机构分别对项目进行独立审贷、贷款发放、贷后管理等相关工作；各方（政府、银行、政策性担保机构和当地担保公司）按照约定比例分担风险。其中包含产权交易中心介入的山东济南模式、存入保证金的广东江门模式、省级与地方级政策性担保公司共同授信内蒙古财信模式、农担体系介入的安徽省 4321 模式等。具体运作流程如图 4-4 至图 4-7 所示。

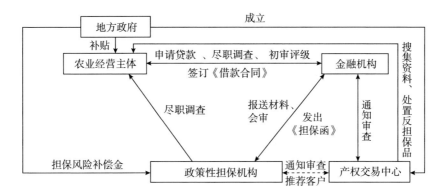

图 4-4 政银担业务模式示意图（产权交易中心）

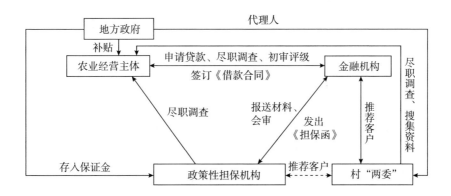

图 4-5 政银担业务模式示意图（存入保证金）

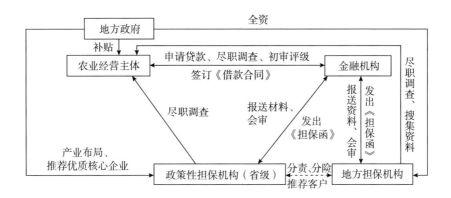

图 4-6 政银担业务模式示意图（省级、地方级共同授信）

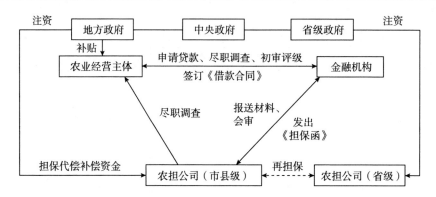

图 4-7 政银担业务模式示意图（农担体系介入）

4.3.1.3 产业链模式（A+B+C+D）

产业链模式（A+B+C+D）的参与主体为银行（A）、政策性担保机构（B）、当地政府（C）以及产业链中的龙头企业（D），是指以农业龙头企业生产为依托，有稳定的上下游客户群体，龙头企业负责筛选诚信较好、有融资需求的农业经营主体，报送银行和政策性担保机构；龙头企业可单独建立风险基金池或承担连带保证责任；银行、政策性担保机构统一对项目进行独立审贷、贷款发放、贷后管理等相关工作；若发生风险，先由风险基金池或龙头企业进行偿还，如龙头企业无力偿还，则由银行和政策性担保公司按照约定比例承担风险责任。具体运作流程如图 4-8 所示。

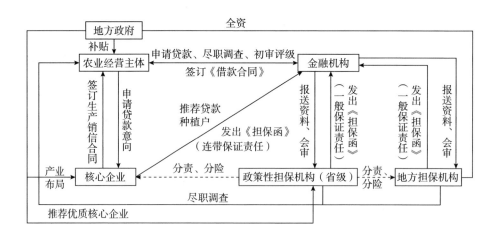

图 4-8 产业链业务模式示意图

4.3.2　不同政策性担保机制模式比较分析

不同业务模式下的契约结构不同，导致政策性担保机制缔约阶段信息甄别机制、利益相关者职责不同，履约阶段的风险控制策略、监督机制不同，最终导致每种运行模式的交易成本不同，具体比较如图4-9和表4-1所示。

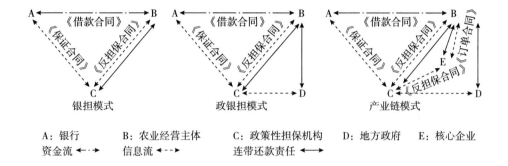

A：银行　　　B：农业经营主体　　C：政策性担保机构　　D：地方政府　　E：核心企业
资金流 ←--→　信息流 ←--→　连带还款责任 ←→

图4-9　不同业务模式契约结构图

表4-1　政策性担保机制运行模式的比较

业务模式		银担模式	政银担模式	产业链模式
利益相关者职责	银行职责	筛选客户、实地调查、合同签订、抵质押办理、贷款发放、贷后管理回收、风险处置制度	对客户进行入户、评估、审核、确认、风险限额控制、提供信贷资料、承担相应风险	实地调查、合同签订、抵质押物办理、贷款发放、贷后管理回收、风险处置制度
	政策性担保机构职责	初审评级、实地调查、代偿损失合规认定、风险限额控制5%、绿色审批通道	代偿损失合规认定、掌握贷款发放归还情况；风险限额控制；承担相应风险	初审项目进行会审审批、贷款审批、实际尽职调查、保后跟踪及贷款回收工作
	当地政府职责	—	安排财政预算资金解决地方担保机构所承担责任部分；存入保证金；材料审核及通知、推荐、贷后监督、价值评估及处置不良资产（由产权交易中心完成）、建档立卡	产业布局、资源整合、推荐核心企业

续表

业务模式		银担模式	政银担模式	产业链模式
利益相关者职责	地方政策性担保机构职责（若有）	无	当地政策性担保公司职责（若有）：入户、评估、审核、确认；代偿事项合规认定；掌握贷款发放归还情况；风险限额控制；承担相应风险	核实核心企业提供资料的真实性、尽职调查、贷款损失及时进行合规认定、风险限额控制、风险处置联席会议制度
	核心企业职责	无	无	推荐农户，承担农户本金利息承担连带责任保证，实地调查、排除农户生产道德风险、"回笼货款专户"、代收意外保险费
信息甄别机制		银行推荐+尽职调查	政府推荐+尽职调查	核心企业推荐+尽职调查
风险控制策略	反担保措施	抵（质）押、保证	抵（质）押、保证	保证（核心企业）
	风险分散比例担保	银行（50%、30%、20%）担保公司（50%、70%、80%）	银行（10%、20%）、当地政府（20%、10%）、担保公司（60%、70%、80%）	银行（10%、20%）、当地政府（20%、10%）、担保公司（60%、70%、80%）
监督机制		银行、担保机构监督	银行、担保机构、当地政府	产业链各节点间相互监督
交易成本		高	较低	低

资料来源：笔者整理。

4.4 本章小结

4.4.1 研究结论

本章在梳理政策性担保机制四个阶段制度演进特征的基础上，基于历史制度主义的分析范式，提炼出不同时期的制度情境、路径依赖、关键节点与历史否决点，解释"担保支农"的生发机理。政策性担保机制的制度变迁受到宏观制度背景、债权债务方的供需状况、博弈各方经济利益匹配等制度情境的影响，变迁过程中低效运转的主要原因是路径依赖，国家支持"三农"发展的政策导向，农业高风险、抵押品匮乏的行业特征，以及商业性担保机制在农村金融市场上担保配给均衡的现实窘境等都是政策性担保机制演变为"担保支农"的关键节点，监管体系、治理机制等制度安排的缺失，制度间协调效应缺乏，政府的过度干预，政策性担保公司亏损导致的财政风险等原因可能会成为"担保支农"的历史否决点，而其能否冲破路径依赖导致的低效锁定状态，取决于关键节点的变革力量与历史否决点之间的博弈结果。

当前政策性担保机制在农村金融市场上的运作模式可以分为银担模式、政银担模式、产业链模式。通过对比分析本章发现，首先，从契约结构来看，相对于银担模式与政银担模式，产业链模式加入了生产契约；相对于"银担模式"，"政银担模式"与"产业链模式"反担保契约的履行主体更为多元。其次，从政策性担保机制"支农"的缔约过程来看，由于银担模式为两方主体、政银担模式为三方主体、产业链模式为四方主体，因此相对于银担模式与政银担模式，产业链模式需要协调更多参与方的权利义务关系，同时，筛选机制的作用主体不同。最后，从政策性担保机制"支农"的履约过程来看，银担模式的风险控制、贷后监督主要依赖于金融机构；政银担模式主要依赖于当地政府；产业链模式主要依赖于产业链上的核心企业。因此，不同模式政策性担保机制能否发挥"担保支农"的政策使命，依赖于不同契约之间的耦合程度，包括缔约阶段筛选有效、对多层次委托代理关系的协调，以及履约阶段不同参与主体是否能够发挥风险分散、监督的作用。

4.4.2　进一步讨论

回顾政策性担保机制的制度变迁历程，实际上是一场政府与市场之间的博弈，是围绕着国家的政策性意图，以共时性的市场经济制度为半径，对原有担保制度进行的适应性调整和修改。国家的政策导向决定经济资源的配置方向，对于符合国家产业政策的行业或主体，国家有意识地通过政策性担保实现其资金融通，进而配置更多资源。当国家的产业政策发生变化，政策性担保机制支持方向便随之跟进，新的政策性担保机制制度将逐步形成，这就是政策性担保制度演化的内在逻辑，也是"担保支农"的生发机理。这个演化逻辑也在一定程度上折射了对"政策性担保机制发挥经济激励功能，是国家宏观调控产物"的深刻理解。不同模式政策性担保机制的运行既隐含了不同的契约结构，又有不同的缔约、履约机制，其支农效果如何？制度变迁过程中所发生的历史否决点是否会继续发生？是否有制度优化的可能，可以实现"担保支农"的健康可持续发展？以下几章将进行解答。

第5章 缔约阶段：政策性担保机制的助贷效应检验

政策性担保机制完整的"支农"（交易）过程可以概括为政策性担保要素使用权交易契约的缔结和履行过程，同时，这个过程也完整反映了农业经营主体"申请政策性担保贷款、使用政策性担保贷款进行农业生产投资、偿还政策性担保贷款"的交易过程。只有当农业经营主体的政策性担保贷款资金循环形成完整闭环时，才能使政策性担保机制处于最佳的"支农"状态，促进政策性担保要素使用权交易契约的再缔结和再履行，实现"担保支农"的健康可持续发展。其中，政策性担保机制"支农"的缔约阶段，完成了农业经营主体申请政策性担保贷款的交易，在这一阶段，政策性担保机制是否达成了"推动金融资本投入农业，解决农业经营主体融资难、融资贵问题"的政策初衷？在本章以及第6章通过检验政策性担保机制的"助贷效应——是否增加了农业经营主体的信贷可得"以及"节本效应——是否降低了农业经营主体的融资成本"予以回答。

5.1 引言

基于传统"小农"向现代农业转变的生产方式本质性变化，利润目标导向的商业银行、商业性担保机构缺乏支持"三农"的原生动力，农业直接补贴政策的指向性、精准性逐渐减弱导致的政策边际效应递减，新型农业经营主体高风险运营与缺乏充足抵押品等现实问题，农村正规信贷供需严重失衡。为此，国家政策制定层面决定由财政出资建立政府性融资担保机构，弥补"三农"领域融资短板，解决农业经营主体融资难、融资贵问题。

学者们对政策性担保机制是否能够发挥助贷效应，解决农业经营主体融资难问题的评价褒贬不一。持肯定态度的学者认为，基于农业信贷担保市场的"担保配给"均衡化现象（卢立香和胡金焱，2008）、政策性担保的准公共物品属性（杨松和张建，2018）以及财政支农资金使用方式重新配置的现实需求，在市场失灵的情况下，最佳的政府干预措施便是由财政出资建立政策性担保机构（张洪武，2019）。政策性担保机制通过信号传递功能以及抵押品替代功能，实现了对农业经营主体的系统外增信（许黎莉等，2019），可以缓解农业经营主体融资难的问题。持否定态度的学者则认为，担保的放大机制在经济下行期将导致经济波动的影响加剧，政府与市场的边界不清扭曲了担保资源的合理匹配（陈乃醒，2004），基于人情担保、指令担保的政府过度干预行为激励了政策性信贷担保资金向低效率以及与政府有密切关系的利益方逆向流动（马草原等，2015），因此，政策性担保并不能解决农业经营主体融资难问题。

基于此，为精准考察政策性担保机制是否具有助贷效应，回答"政策性担保机制是否以及如何增加农业经营主体信贷可得，对何种特征的农业经营主体更为有效"的问题，本章采用内蒙古自治区 6 个盟（市）843 户农牧户的调查数据，借助"担保支农"政策出台[①]对农业经营主体融资行为产生外生冲击的自然实验，考察政策性担保机制是否以及如何影响不同属性特征的农业经营主体信贷可得问题。为了避免内生性与外部干扰的影响，运用倾向值匹配构建政策性担保机制的反事实框架，实证检验政策性担保机制对农业经营主体信贷可得的作用原理及政策效果。在此基础上，从农业经营主体软信息——异质性资本，以及硬信息——不同反担保措施视角切入，考察政策性担保机制对不同属性特征农业经营主体信贷可得的差异性作用，以使政策评估的结论更加丰富、具体，政策建议更

---

① 在提升金融服务乡村振兴能力战略背景下，为弥补"三农"融资领域短板，新的金融支农政策不断出台，"担保支农"的相关政策包括《关于财政支持建立农业信贷担保体系的指导意见》（财农〔2015〕121 号）、《关于促进融资担保行业加快发展的意见》（〔2015〕43 号）、《融资担保机构监督管理条例》（〔2018〕1 号）等。本章界定的自然实验是指政策性担保机构开始为农业经营主体提供担保，农业经营主体在获得政策性担保贷款前、后，融资行为的不同表现。

加具有针对性。本章的研究结果显示，首先，政策性担保机制通过发挥第三方抵押品替代机制，对农村金融市场进行了重构，增加了农业经营主体的信贷可得，能够发挥助贷效应。其次，相对于具有非正式社会资本的农业经营主体，政策性担保机制更能够增加具有正式社会资本农业经营主体的信贷可得。最后，相对于具有反担保人特征的农业经营主体，政策性担保机制更能够增加具有反担保品特征农业经营主体的信贷可得。

5.2 理论分析与研究假说

5.2.1 政策性担保机制助贷效应的作用原理

农业生产的高风险、信息不对称、抵押品匮乏以及信誉积累不足等是金融机构对农业经营主体实行信贷配给的主要原因，这已成为学术界的共识。政策性担保机制的引入，使传统两方信贷市场中加入了第三方——政策性担保机构。本部分通过剖析农村金融市场中有、无政策性担保机构介入时银行信贷政策的变化，解释政策性担保机制在农村金融市场中的作用机理。

5.2.1.1 没有政策性担保机构介入时，银行的信贷政策

（1）模型假设。

假设有两种类型的农业经营主体，δ_1（高风险）和 δ_2（低风险），其成功概率为 $0 < \delta_1 < \delta_2 < 1$，银行知道农业经营主体中有 γ 概率是 $\delta = \delta_1$，$(1-\gamma)$ 概率是 $\delta = \delta_2$。农业经营主体无初始资金，投资机会成本为 b，如果成功，则会产生 R（包括货币性收益以及荣誉、成就感等非货币性收益），如果失败，收益为 0，农业经营主体的禀赋为 W，即其对银行的可置信承诺——预期未来收益 $a\delta R$（δ 为货币性收入部分的比例，$a \in [0, 1]$）。

银行贷款的信用政策包括授信概率 π，价格因素 α（利率），抵押品 C，银行对抵押品的估值为 βC，$\beta \in [0, 1]$，这种差异反映了银行在持有和清算抵押品时所面临的交易成本，γ 代表银行的机会成本率。

（2）模型构建。

银行对农业经营主体的预期利润：

$$\gamma\pi_1[\delta_1\alpha_1+(1-\delta_1)\beta C_1-r]+(1-\gamma)\pi_2[\delta_2\alpha_2+(1-\delta_2)\beta C_2-r] \tag{5-1}$$

参考 Besanko 和 Thakor（1987）的分析框架，在信息不对称的情况下只考虑纳什均衡。纳什均衡是一套担保契约，每一份合同都为银行赚取非负利润，纳什均衡永远不会聚在一起。因此，在完全竞争性的担保市场中，银行将对风险不同的农业经营主体提供两种截然不同的担保合同，银行期望由高风险农业经营主体选择高风险担保合同，低风险农业经营主体要选择低风险担保合同，这种均衡的担保合同是激励相容的。即：

$$\begin{cases} \pi_1[\delta_1(R-\alpha_1)-(1-\delta_1)C_1-b]\geqslant\pi_2[\delta_1(R-\alpha_2)-(1-\delta_1)C_2-b] & (5-2)\\ \pi_2[\delta_2(R-\alpha_2)-(1-\delta_2)C_2-b]\geqslant\pi_1[\delta_2(R-\alpha_1)-(1-\delta_2)C_1-b] & (5-3)\\ 0\leqslant\pi_i\leqslant1 \quad i\in\{1,2\} & (5-4)\\ 0\leqslant C_i\leqslant W \quad i\in\{1,2\} & (5-5)\\ \delta_i\alpha_i+(1-\delta_i)\beta C_i=r & (5-6) \end{cases}$$

其中，式（5-2）表示高风险农业经营主体选择高风险担保合同所获收益大于高风险农业经营主体选择低风险的担保合同，式（5-3）表示低风险农业经营主体选择低风险担保合同所获收益大于低风险农业经营主体选择高风险的担保合同，式（5-4）表示银行授信的概率要大于 0 且小于 1，式（5-5）表示银行要求的反担保措施要求要大于 0 且小于等于农业经营主体的可置信承诺 W，式（5-6）表示在完全竞争市场上，银行的超额利润为 0。

在以上约束条件基础下，使农业经营主体效用最大化，实现激励相容：

$$\gamma\pi_1[\delta_1(R-\alpha_1)-(1-\delta_1)C_1-b]+(1-\gamma)\pi_2[\delta_2(R-\alpha_2)-(1-\delta_2)C_2-b] \tag{5-7}$$

构造拉格朗日乘数式，政策性担保机构的最优化是选择 $\{\alpha_i^*,\ C_i^*,\ \pi_i^*\}$，$i\in\{1,2\}$，即：

$$\begin{aligned} L(\pi_1,\ \pi_2,\ C_1,\ \lambda)=&\gamma\pi_1[\delta_1(R-\alpha_1)-(1-\delta_1)C_1-b]+(1-\gamma)\pi_2[\delta_2(R-\alpha_2)-\\ &(1-\delta_2)C_2-b]+\lambda\{\pi_1[\delta_1(R-\alpha_1)-(1-\delta_1)C_1-b]-\pi_2[\delta_1\\ &(R-\alpha_2)-(1-\delta_2)C_2-b]\} \end{aligned} \tag{5-8}$$

$\partial L/\partial C_1=-\gamma\pi_1(1-\beta)(1-\delta_1)-\lambda\pi_1(1-\beta)(1-\delta_1)<0$，即 $C_1^*=0$

由式（5-5）、$C=W$、$C_1^*=0$，得 $C_2^*=W$，代入得：

$$L(\pi_1,\pi_2,C_1,\lambda)=\gamma\pi_1[\delta_1R-r-(1-\beta)(1-\delta_1)C_1-b]+(1-\gamma)\pi_2[(\delta_2$$
$$R-r-\alpha_2)-(1-\beta)(1-\delta_2)W-b]+\lambda\{\pi_1[\delta_1R-r-(1-\beta)$$
$$(1-\delta_1)C_1-b]-\pi_2[\delta_1R-r\delta_1\delta_2^{-1}-\delta_1\delta_2^{-1}(1-\delta_2)\beta W-$$
$$(1-\delta_1)W-b]\} \tag{5-9}$$

当 $C_1^*=0$ 时，$\partial L/\partial\pi_1=(\gamma+\lambda)(\delta_1R-r-b)>0$，由假设可知，$\delta_1R-r-b>0$，所以，$\pi_1^*=1$，

$$\frac{\partial L}{\partial\pi_2}=(1-\gamma)[\delta_2R-r-(1-\beta)(1-\delta_2)W-b]-\lambda[\delta_1R-r\delta_1\delta_2^{-1}-\delta_1\delta_2^{-1}(1-\delta_2)\beta W-$$
$$(1-\delta_1)W-b] \tag{5-10}$$

因为 $\delta_2R-r-(1-\beta)(1-\delta_2)W-b>0$，$\lambda>0$，当 $\frac{\partial L}{\partial\pi_2}<0$ 时，$\pi_2^*<1$。

当 $\frac{\partial L}{\partial\pi_2}>0$ 时，$\pi_2^*=1$，即低风险借款人不存在信贷配给时，得出银行期待的抵押品为：$C_2^0=r(\delta_2-\delta_1)[\delta_2(1-\delta_1)-\beta\delta_1(1-\delta_2)]^{-1}$

代入式（5-2）得：$\pi_2^*=[\delta_1(R-\alpha_1^*)-b][\delta_1(R-\alpha_2^*)-(1-\delta_1)W-b]^{-1}$

将 C_1^*、C_2^* 代入到式（5-5）中得：

$$\alpha_1^*=r\delta_1^{-1}，\alpha_2^*=[r-(1-\delta_2)\beta W]\delta_2^{-1}$$

（3）银行信贷政策的纳什均衡解。

综上所述，银行针对不同风险类型的农业经营主体提供两种不同的信贷契约：

$$\begin{cases}\alpha_1^*=r\delta_1^{-1}\\C_1^*=0\\\pi_1^*=1\end{cases}$$

$$\begin{cases}\alpha_2^*=[r-(1-\delta_2)\beta W]\delta_2^{-1}\\C_1^*=W\\\pi_2^*=[\delta_1(R-\alpha_1^*)-b][\delta_1(R-\alpha_2^*)-(1-\delta_1)W-b]^{-1}<1\end{cases}$$

由此，银行的信贷政策为：高风险的农业经营主体支付更高的利率 α_1^*，不

需要提供抵押品就可以获得贷款；低风险的农业经营主体需要提供抵押品，支付较低的利率 α_2^*，且其提供的可置信承诺与利率成反比，此时，农业经营主体提供的"可置信承诺"在信贷市场中是一种排序工具。

然而，高风险农业经营主体有伪装成低风险农业经营主体获取低利率信贷合同的动机。因此，银行一方面通过要求农业经营主体提供足额的可置信承诺，另一方面则通过降低向低风险农业经营主体授信，防范高风险农业经营主体选择低风险的低担保费率的担保合同。因此，低风险的农业经营主体都面临着被银行拒绝授信的可能性，即 $\pi_2^* < 1$。这一结果并不意味着银行愿意配给所有的低风险农业经营主体。如果银行利用观察到农业经营主体的可置信承诺 W 的特征差异，将农业经营主体进一步排序，当存在更大的群体内异质性时，W 较小的农业经营主体更容易被银行拒绝授信。

5.2.1.2　政策性担保机构介入时，银行的信贷政策

假设银行为低风险农业经营主体设计的贷款合同为 $\{\alpha_2^c,\ W+S\}$，政策性担保机构通过在农业经营主体禀赋 W 基础上补足 S 以消除银行拒绝发放贷款的概率。政策性担保机构提供 S 的机会成本为 ζ，$\zeta>1$。

如果政策性担保机构为农业经营主体授信的预期利润为正，且不会引起高风险农业经营主体选择低风险低利率的信贷合同，那么政策性担保机构是激励相容的，即：

$$\delta_1 R - r = [\delta_1(R-\alpha_2^c)-(1-\delta_1)W]-rS \qquad (5-11)$$

政策性担保机构在低风险担保合同上的零利润条件是：

$$\delta_2\alpha_2+(1-\delta_2)\beta(W+S)=r \qquad (5-12)$$

根据式（5-11）、式（5-12），解得：

$$S=[(1-\delta_1)\delta_2-\delta_1(1-\delta_2)\beta][r\delta_2-\delta_1(1-\delta_2)\beta]^{-1}[C_2^0-W]$$

设 $\mu=[(1-\delta_1)\delta_2-\delta_1(1-\delta_2)\beta][r\delta_2-\delta_1(1-\delta_2)\beta]^{-1}<1$，

$$C_2^0=r(\delta_2-\delta_1)[\delta_2(1-\delta_1)-\beta\delta_1(1-\delta_2)]^{-1}$$

因此，银行从低风险政策性担保机构那里获得的全部抵押品是：

$$S+W=\mu C_2^0+(1-\mu)W<C_2^0 \qquad (5-13)$$

所以，在政策性担保机制介入之后，银行要求农业经营主体提供的抵押品小

于没有政策性担保机制介入时银行对农业经营主体抵押品的要求，政策性担保机制在农业经营主体禀赋不足时发挥了第三方抵押品替代功能，实现了系统外增信，即将农业经营主体的边际信誉度提高到与政策性担保机构相同的水平，通过抵押品替代机制弥补了农业经营主体的禀赋不足，缓解了金融机构的信贷配给，实现了农业经营主体的资金融通。因此，提出待检验假说如下：

H6：政策性担保机制的介入能够提高农业经营主体的信贷可得。

5.2.2　基于政治信用的异质性社会资本对信贷可得的作用机理

社会资本作为农业经营主体在市场中期望得到回报的社会关系投资，可以定义为在目的性行动中被获取的和被动员的、嵌入在社会结构中的资源（林南，2005）。学者们论证了社会资本能够显著缓解农业经营主体的正规信贷约束（周月书等，2019），其运作原理在于农业经营主体投资的社会关系作为个人社会信用的证明，可以强化身份或认同感，缓解信息不对称问题，进而促进信贷契约的达成。

5.2.2.1　异质性社会资本的特征表达

由于社会信用源自于农业经营主体彼此之间或与外界之间的初始互动，而农业经营主体的独立性和个体特征又各不相同，因此，其社会资本具有异质性特征，可以划分为其家庭成员政治身份的正式社会资本和亲友关系的非正式社会资本（李庆海等，2017）。首先，正式社会资本表达的是农业经营主体与拥有政治资源的行动者之间的异质性互动关系，其被嵌入到包括自身等级结构和其他具有政治色彩等级结构的庞杂社会网络中，这种社会网络的不同部分拥有不同的政治利益连接节点，这些节点直接和间接地为农业经营主体提供了接近其他政治节点的机会，因此，拥有正式社会资本的农业经营主体在自身所处的网络节点上不仅拥有个人资源，还可以获取其他节点带来的政治资源。农业经营主体通过对正式社会资本的投资，产生了基于政治关系的社会信用，进而具备政治交易网络下的资源获取能力。其次，非正式社会资本表达的是拥有相似资源（财富、声望、权力和生活方式）的两个行动者之间的同质性互动。其嵌入的社会网络结构相对同质、简单，社会网络不同部分的利益连接节点也多为与自身等级结构类似。内生于深刻而复杂的政治、经济和文化中的农户弱势心理，使农业经营主体跨阶层地获取政治资源、接近其他政治节点的门槛较高、难度较大、机会较小。

5.2.2.2 假设的提出

政策性担保机制在进入封闭性与嵌入性兼存的农村金融市场时，需要寻求内部化节约交易成本的主体与其对接。拥有正式社会资本的农业经营主体凭借其在社会网络中产生的基于政治关系的社会信用，更有机会成为政策性担保机构对接的对象。实践中与政策性担保机构对接的角色通常由乡村精英担任（温涛等，2016），一般为村干部即拥有正式社会资本的农业经营主体，他们扮演了上级政府"代理人"和村民"当家人"的"双面角色"，可以利用手中的正式社会资本在自身角色转换中谋求更大的利益（徐勇，1997）。拥有正式社会资本农业经营主体通过为政策性担保机构提供本村村民的生产经营、家庭情况以及个人信用等信息，弥补了"政策性担保机构—农业经营主体"之间信息不对称的问题，降低了政策性担保机构的交易成本，获得了政策性担保机构的信任，通过工作沟通、日常交往，这部分农业经营主体产生的具有政治色彩的社会信用更加多元化、丰富化，因此，他们在控制并获取政策性担保资源能力方面具有明显优势。

综上所述，相对于非正式社会资本，拥有正式社会资本的农业经营主体由于具有基于政治关系的社会信用，与政策性担保机构进行异质性互动的概率较大，政治交易网络下的获取政策性担保资源的能力较强。因此，提出待检验假说如下：

H6a：相对于拥有非正式社会资本的农业经营主体，政策性担保机制更能够增加拥有正式社会资本农业经营主体的信贷可得。

5.2.3 基于筛选机制的不同反担保措施对信贷可得的作用机理

反担保措施是指为保障债务人之外的担保人将来承担担保责任后对债务人的追偿权的实现而设定的担保。反担保的目的是确保第三人追偿权的实现，即政策性担保机构追偿权的实现。我国《担保法》第四条规定：第三人为债务人向债权人提供担保时，可以要求债务人提供反担保。政策性担保机构要求的反担保措施包括反担保品措施、反担保人措施，其中，反担保品措施以农业经营主体的房产、国有土地使用权、存货、牲畜等实物资产作为还款保证，属于物的反担保；反担保人措施包括自然人信用反担保、法人信用反担保。其中，自然人信用反担保包括当地公务员、事业单位员工、国有企业员工担保、借款人间互相联保、借款人的子女或亲属担保。法人信用反担保是指与借款人有业务往来的大型龙头企业提供担保。不同的反担保措施契约本质不同，可以发挥贷前筛选、贷后监督的作用。本部分将从贷前筛选的视角，解释不同反担保措施对农业经营主体政策性担保信贷可得的作用原理。

5.2.3.1　政策性担保机制的门槛效应

如前文所证明，政策性担保机制作为第三方，通过发挥抵押品替代功能，缓解了农村金融市场部分农业经营主体的融资约束。此时银行—农业经营主体之间的信息不对称转变为政策性担保机构—农业经营主体之间的信息不对称。政策性担保机制发挥作用的前提是在受到银行信贷配给的农业经营主体[①]中筛选出低风险高质量的那部分人群，最大程度防范事前信息不对称导致的逆向选择，使政策性担保机构、银行、农业经营主体之间的契约关系进入良性互动。

根据逆向选择模型，政策性担保机构通过增加担保合同条款的变量，对农业经营主体进行筛选，实现低风险和高风险农业经营主体的分离。即向低风险的农业经营主体要求低担保费率和提供某些反担保措施，而向高风险农业经营主体要求高担保费率，但是无须提供反担保措施。同时，为了防范高风险农业经营主体选择低风险的担保合同，政策性担保机构一方面要求农业经营主体提供足额的反担保措施，另一方面通过降低对农业经营主体提供担保的概率，提高政策性担保机制的门槛，解决逆向选择和道德风险问题。双重条件的制约使得低风险且不具有反担保措施的农业经营主体被排除在政策性担保机制的门槛之外。

因此，政策性担保机制具有一定的门槛效应，政策性担保机构除了通过现场尽职调查对农业经营主体进行筛选，还会根据农业经营主体是否具有反担保措施进行筛选，即农业经营主体要么具有反担保品特征，要么具有反担保人特征。例如，通辽农担"繁育贷"要求农业经营主体具备一定资产线索、有固定经营场所的 30 头以上的养牛户；山西农担"晋果担"要求农业经营主体的果库必须安

---

① 由于被银行实施信贷配给的农业经营主体在资产规模、产业类型以及对抗农业风险等方面存在系统性差异，使其面临银行的融资约束程度不同。按照抵押品初始禀赋不同可以分为两类：一部分为融资约束程度弱的农业经营主体，在政策性担保机构看来，这部分农业经营主体由于具有相对较多的专用性资产，因此具有反担保品特征；另一部分为融资约束程度强的农业经营主体，在政策性担保机构看来，这部分农业经营主体由于具有相对较少的专用性资产，面临更加严峻的融资环境，因此具有反担保人特征。

装自动控温设备且制冷设备使用及运行年限应在 7 年以内；通辽农担"补贴贷"要求农业经营主体具有财政补贴资金。天津农担"农乐保"要求农业经营主体要持有镇级人民政府或村民委员会出具的推荐信；大连农担"连禽保"要求农业经营主体要与龙头企业签订购销协议。

5.2.3.2 反担保品优先的解释

农业经营主体的反担保特征对于政策性担保机构的意义，如同政策性担保机构对银行的意义一样，相当于农业经营主体对政策性担保机构释放的事前可置信承诺信号。政策性担保机构需要对农业经营主体的承诺可置信程度进行判断，只有当政策性担保机构认为农业经营主体的承诺是可置信的并且满足激励相容，政策性担保机构才会为农业经营主体提供担保。不同反担保措施的契约本质、信息含量、信号传递方式、传递成本存在差异，导致政策性担保机构对不同反担保措施的事前可置信承诺可靠程度的判断标准也存在差异，具体作用机理如图 5-1 所示。

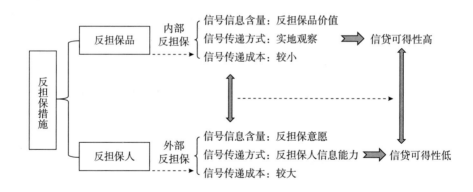

图 5-1　不同反担保措施对信贷可得的理论解释框架

首先，两种信号的契约本质不同。①反担保品措施通过赋予政策性担保机构优先受偿权来达成担保契约，政策性担保机构在农业经营主体违约时能够通过拍卖反担保品收回部分资金，由于其不会使违约农业经营主体承担反担保品之外的额外损失，因此属于内部反担保。反担保品措施将农业经营主体的利益与政策性担保机构绑定在一起，如果农业经营主体违约，反担保品的转让就会对农业经营主体归还贷款产生激励作用，增加了农业经营主体的违约成本，降低了其从事高风险活动的可能性，避免了道德风险的发生（平新乔和杨慕云，2009）。因此，"违约将丧失反担保品"是具有反担保品特征农业经营主体的事前可置信承诺。②反担保人措施通过承担连带还款责任来达成担保契约，政策性担保机构在农业经营主体违约时的求偿权可以超出抵押资产之外，即反担保人的全部资产都可以用于偿还债务，因此属于外部反担保（Pozzolo，2004）。作为一种激励机制，反担保人措施发挥作用的路径是：农业经营主体为了维持与反担保人之间的关系，会选择努力经营，降低违约风险；由于农业经营主体违约，反担保人将承担还款连带责任，反担保人与政策性担保机构的利益诉求一致，因此会对农业经营主体进行监督，降低其违约风险，"违约将由反担保人代为偿还"是具有反担保人特征农业经营主体的事前可置信承诺。

其次，信息筛选时的信号传递机制不同。①反担保品以其本身的价值作为一种信号，反映农业经营主体的信用能力与财富水平，其信息含量较为直观（大于政策性担保授信贷款金额），且信号传递成本较小，审查人员通过实地调查即可获悉。另外，由于反担保品的存在，借款者承担了因无力偿还负债而失去抵押品的风险，从而实现了约束借款者行为，降低道德风险的目的（Boucher 等，2009）。②反担保人的担保意愿作为一种信号，一方面反映了反担保人对农业经营主体的信任，另一方面将反担保人的利益与政策性担保机构捆绑在一起，由反担保人帮助政策性担保机构筛选客户（Doh 和 Ryu，2004）。相较于反担保品的直观性与价值可获性，反担保人措施是否可以弥补政策性担保机构与农业经营主体之间的信息不对称性，依赖于反担保人的信息生产能力，若反担保人不能准确观测到农业经营主体的真实风险和收益，"反担保人的担保意愿"这一信号的有效信息量较差，而政策性担保机构要想观察这一信号是否有用时，需要付出更多筛选成本。同时，由于承担代偿责任，反担保人会收取较高的担保费用，在贷款利率相同的情况下，相当于提高了农业经营主体的借款成本，最终加剧了贷前逆向选择，使具有反担保人特征的农业经营主体多呈高风险特征（陈其安等，2018），而一旦农业经营主体违约，反担保人的违约成本较低，很难追偿到位。

因此，在政策性担保机构看来，违约将追偿反担保人相较于违约将丧失反担保品的事前可置信承诺的可靠程度较差，政策性担保机构更倾向于给能提供高额反担保品农业经营主体提供担保，存在"反担保品越多，贷款越安全"的担保理念，具有反担保品特征的农业经营主体更能够满足政策性担保机制的门槛条件，并获得更大规模的政策性担保贷款。因此，提出待检验假说如下：

H6b：相对于具有反担保人特征农业经营主体，政策性担保机制更能够增加具有反担保品特征农业经营主体的信贷可得。

5.3 研究设计

5.3.1 模型方法——倾向得分匹配法 PSM

对于科学量化政策性担保机制对农业经营主体信贷可得作用机制的方法，比较理想的是对比农业经营主体在参加（可以观测到，定义为处理组）、与其不参加（反事实，不可以观测到，定义为控制组）政策性担保机制两种状态下信贷可得的差异性。作为一个准自然实验，金融服务乡村振兴背景下"担保支农"相关政策的出台，为精准考察政策性担保机制的支农效果提供了很好的研究素材。第一，相关政策的出台很大程度上是基于融资担保行业在经济社会发展中的重要作用以及国家决策层对政策性担保机制的重视而不断推进的结果，这对微观农业经营主体而言是外生冲击；第二，国家大力扶持农业发展的政策倾斜，以及政策性担保机构作为第三方对传统双方借贷模式的替代，会改变农业经营主体、银行的反应和行动，导致原有信贷政策的生效途径改变，形成新的风险分担机制，这都将影响农业经营主体的融资行为。以上为构造随机实验中的处理组和控制组提供了依据。

为了解决反事实状态下样本不可观测问题，Rosenbaum 等（1983）提出了倾向得分匹配方法（Propensity Score Matching, PSM），PSM 的基本思想为：建立一个参加政策性担保机制农业经营主体的处理组，在其参加政策性担保机制之前的主要特征尽可能地与未参加政策性担保机制农业经营主体的控制组相似，然后将处理组与控制组逐一匹配，使得配对后的农业经营主体只在"是否获得政策性担保贷款"这一指标上存在差异，在其他方面保持同质，因此可以用控制组模拟处理组的"反事实"状态，然后再对匹配后的处理组与控制组的信贷可得进行比较，即可获得政策性担保机制与农业经营主体信贷可得之间的因果关系。

倾向得分值（PS 值）是指在特定情况下，农业经营主体参加政策性担保机制的条件概率 $p(X_i)$，即：

$$p(X_i) = Pr(D_i = 1 \mid X_i) = E(D_i \mid X_i) \tag{5-14}$$

其中，X_i 为一系列可能影响农业经营主体参加政策性担保机制的农业经营主体特征变量（匹配变量）构成的向量；D_i 表示可观测到的受访农业经营主体的参加政策性担保机制行为，若 $D_i = 1$，说明农业经营主体获得政策性担保贷款，若 $D_i = 0$，则说明农业经营主体未获得政策性担保贷款。

综上所述，针对第 i 位农业经营主体，假定其 PS 值 $p(X_i)$ 已知，则农业经营主体获得政策性担保贷款的平均处理效应（ATT）、农业经营主体未获得政策性担保贷款的平均处理效应（ATU）和农业经营主体的平均处理效应（ATE）分别为：

$$
\begin{aligned}
ATT &\equiv E[Y_{1i} - Y_{0i} \mid D_i = 1] \\
&= E\{E[Y_{1i} - Y_{0i} \mid D_i = 1, \ p(X_i)]\} \\
&= E\{E[Y_{1i} \mid D_i = 1, \ p(X_i)] - E[Y_{0i} \mid D_i = 0, \ p(X_i)] \mid D_i = 1\}
\end{aligned}
\tag{5-15}
$$

$$
\begin{aligned}
ATU &\equiv E[Y_{1i} - Y_{0i} \mid D_i = 0] \\
&= E\{E[Y_{1i} - Y_{0i} \mid D_i = 0, \ p(X_i)]\} \\
&= E\{E[Y_{1i} \mid D_i = 0, \ p(X_i)] - E[Y_{0i} \mid D_i = 0, \ p(X_i)] \mid D_i = 0\}
\end{aligned}
\tag{5-16}
$$

$$
\begin{aligned}
ATE &\equiv E[Y_{1i} - Y_{0i} \mid X] \\
&= E\{E[Y_{1i} - Y_{0i} \mid D_i = 1, \ p(X_i)]\}
\end{aligned}
\tag{5-17}
$$

其中，Y_{1i} 和 Y_{0i} 分别表示同一农业经营主体在获得、未获得政策性担保贷款两种情况下的信贷可得，要得到 ATT 的一致估计，需要用未获得政策性担保贷款农业经营主体的平均值作为获得政策性担保贷款农业经营主体在其未获得政策性担保贷款情况下的反事实样本替代。

PSM 需要满足条件独立性假设、共同支撑假设，以使 ATT 的估计不包含不在共同支撑域的样本。即：

$$(Y_1, \ Y_0) \perp D \mid p(X) \tag{5-18}$$

$$0 < p(D=1 \mid X) < 1 \tag{5-19}$$

PSM 的匹配方法包括最近邻匹配、半径匹配、核匹配，具体公式为式（5-20）至式（5-23）[①]。

$$C(i) = \min \| p_i - p_j \| \tag{5-20}$$

$$C(i) = \{ p_j \mid \| p_i - p_j \| < r \} \tag{5-21}$$

其中，r 为常数（半径）。

$$ATT^M = \frac{1}{N^T} \sum_{i \in T} \left(Y_i^T - \sum_{j \in C(i)} W_{ij} Y_j^C \right) = \frac{1}{N^T} \sum_{i \in T} Y_i^T - \sum_{i \in T} \sum_{j \in C(i)} W_{ij} Y_j^C$$

$$= \frac{1}{N^T} \sum_{i \in T} Y_i^T - \frac{1}{N^T} \sum_{j \in C(i)} W_j Y_j^C \tag{5-22}$$

$$ATT^K = \frac{1}{N^T} \sum_{i \in T} \left(Y_i^T - \frac{\sum_{j \in C} Y_j^C G \left(\frac{p_i - p_j}{h_n} \right)}{\sum_{K \in C} G \left(\frac{p_i - p_j}{h_n} \right)} \right) \tag{5-23}$$

其中，G（·）表示核函数；h_n 表示宽带参数。

此外，在进行倾向得分匹配估计之前，需要对处理组样本和控制组样本进行匹配平衡性检验。本章通过计算标准偏差进行匹配平衡性检验，处理组与控制组信贷可得的标准偏差为：

$$bias(lnloan) = \frac{100 \frac{1}{N^T} \sum_{i \in T} \left[Lnloan_i - \sum_{j \in C} \lambda(p_i, p_j) Lnloan_j \right]}{\sqrt{\frac{\left[Var_{i \in T}(Lnloan_i) + Var_{j \in C}(Lnloan_j) \right]}{2}}} \tag{5-24}$$

其中，$\lambda(p_i, p_j) = G \left(\frac{p_i - p_j}{h_n} \right) \Big/ \sum_{j \in C} G \left(\frac{p_i - p_j}{h_n} \right)$。

本章后续的分析主要依据 k = 4 的近邻匹配方法进行匹配，并同时给出卡尺内最近邻、核匹配以及偏差校正匹配估计量的结果作为稳健性检验。

5.3.2 数据来源与处理

本章使用的数据为课题组于 2020 年暑假在内蒙古自治区呼和浩特市、包头

[①] 具体含义见陈强《高级计量经济学及 Stata 应用（第二版）》第 11 章。

市、乌兰察布市、锡林郭勒盟、通辽市、赤峰市 6 个盟市 70 村（嘎查）877 户农牧户的调研数据，删除数据缺失严重问卷后，最终样本数量为 843 户，问卷有效率为 96.12%，其中获得政策性担保的农业经营主体为 370 户，占样本总数的比重为 43.89%，未获得政策性担保的农业经营主体为 473 户，占样本总数的比重为 56.11%。

5.3.3 变量选择与描述

被解释变量：农业经营主体的信贷可得（loanratio_f），根据叶莉等（2016）的研究，使用 2019 年正规信贷合计金额与 2019 年总资产的比值作为信贷可得的替代指标。

解释变量：2019 年是否获得政策性担保贷款（borrow_p），获得＝1，未获得＝0。

控制变量：根据已有理论和经验研究结论，本章选择影响农业经营主体获得政策性担保贷款的因素包括：在个体特征方面，包括农业经营主体的年龄（age）、性别（sex）、家庭人口数（pop）、受教育程度（edu）和风险偏好程度（raverse、rseeking）；在家庭禀赋方面，包括农业经营主体住宅与乡镇的距离（distance）、家庭农牧业经营面积（perland）；在农业生产特征方面，包括农业经营主体生产性固定资产金额（pro asset）、2019 年总收入（revenue）以及 2019 年农业收入（agrrevenue）。

本章实证分析中所用变量的描述性统计分析如表 5-1 所示。

表 5-1 主要变量的描述性统计

变量名称	取值说明	获得政策性担保贷款（处理组：370）		未获得政策性担保贷款（控制组：473）		总体（843）	
		均值	标准差	均值	标准差	均值	标准差
loanratio_f	获得的正规信贷总额/资产总额（%）	0.326	0.388	0.125	0.197	0.213	0.313
borrow_p	是否获得政策性担保贷款（是＝1；否＝0）	1.000	0.000	0.000	0.000	0.438	0.497
age	户主年龄（岁）	43.622	7.820	50.307	10.112	47.372	9.754

续表

变量名称	取值说明	获得政策性担保贷款（处理组：370）		未获得政策性担保贷款（控制组：473）		总体（843）	
		均值	标准差	均值	标准差	均值	标准差
sex	户主性别（男=1；女=0）	0.814	0.390	0.882	0.323	0.852	0.356
pop	家庭常住人口数量（人）	4.216	1.289	3.340	1.214	3.725	1.320
edu	户主受教育年限（年）	8.938	2.401	7.990	3.208	8.406	2.919
perland	家庭经营的耕地与草场面积之和（亩）	442.145	810.634	2208.750	4371.333	1433.372	3430.620
pro asset	家庭生产用固定资产现值（万元）	21.775	51.569	4.707	4.859	12.199	35.362
revenue	2019年总收入（万元）	56.727	121.623	15.173	35.531	33.412	87.270
agrrevenue	2019年农业收入（万元）	54.120	120.957	12.385	34.090	30.703	86.560
raverse	是否风险厌恶（是=1；否=0）	0.662	0.474	0.539	0.499	0.593	0.492
rseeking	是否风险爱好（是=1；否=0）	0.230	0.421	0.298	0.458	0.268	0.443
distance	住址与乡镇距离（千米）	20.124	16.025	25.260	23.151	23.006	20.481

表5-1为获得政策性担保贷款的处理组、未获得政策性担保贷款的控制组以及总体样本的描述性统计结果。被解释变量正规信贷可得处理组的均值大于控制组，说明政策性担保机制促进了农业经营主体的资金融通，与假说6的预期相符。总体来看，有43.8%的农业经营主体获得了政策性担保贷款，说明政策性担保机制的普及率较高，尤其在试点地区（通辽），调研过程中发现，政策性担保机制在试点地区覆盖率较高的原因是政策性担保机构为了完成任务积极开拓业务，且开展业务方式为银行主导，由银行信贷员负责筛选客户上报政策性担保机构，政策性担保机构通过审核银行上报资料进行授信，因此在这种担保模式下，可能会存在逆向选择问题。t检验结果显示，其他解释变量处理组与控制组之间存在显著差异，因此需要进行匹配。

5.4　实证检验与分析

5.4.1　样本匹配效果

本章的平衡性检验是以计算匹配前后各变量的标准差变动进行的，如表 5-2 所示。匹配后大多数变量的标准化偏差（%bias）小于 10%，只是变量 age、gender 的偏差分别为 15% 和 13.2%，依照 Rosenbaum 等（1983）的经验，各变量标准差绝对值都在 20% 以内就表明平衡性较好。除了变量 age 外，其他变量 t 检验的结果表明参与政策性担保机制的处理组和未参与政策性担保机制的控制组之间在协变量上的差异明显缩小。

表 5-2　获得政策性担保贷款的农业经营主体与未获得样本的平衡性检验

变量名称	匹配类型	获得政策性担保贷款农业经营主体	未获得政策性担保贷款农业经营主体	偏误比例（%）	偏误削减（%）	t 统计量	P 值
age	匹配前	43.622	50.307	−74.0	79.8	−10.50	0.000
	匹配后	43.784	42.431	15.0		2.26	0.024
sex	匹配前	0.814	0.882	−19.0	30.4	−2.77	0.006
	匹配后	0.810	0.763	13.2		1.53	0.127
pop	匹配前	4.216	3.340	70.0	94.3	10.12	0.000
	匹配后	4.206	4.157	4.0		0.52	0.601
edu	匹配前	8.938	7.991	33.4	97.9	4.74	0.000
	匹配后	8.796	8.816	−0.7		−0.10	0.920
perland	匹配前	442.14	2208.75	−56.2	90.5	−7.67	0.000
	匹配后	439.39	607.22	−5.3		−1.32	0.188
pro asset	匹配前	21.775	4.707	46.6	90.2	7.16	0.000
	匹配后	10.468	8.803	4.5		1.60	0.110

续表

变量名称	匹配类型	获得政策性担保贷款农业经营主体	未获得政策性担保贷款农业经营主体	偏误比例（%）	偏误削减（%）	t统计量	P值
revenue	匹配前	56.727	15.173	46.4	86.3	7.06	0.000
	匹配后	34.053	39.765	-6.4		-0.98	0.328
agrrevenue	匹配前	54.120	12.385	47.0	87.1	7.15	0.000
	匹配后	31.465	36.831	-6.0		-0.95	0.342
raverse	匹配前	0.662	0.539	25.3	71.4	3.63	0.000
	匹配后	0.690	0.725	-7.2		-1.02	0.308
rseeking	匹配前	0.230	0.298	-15.5	62.2	-2.23	0.026
	匹配后	0.198	0.172	5.9		0.88	0.381
distance	匹配前	20.124	25.260	-25.8	68.1	-3.64	0.000
	匹配后	20.816	19.177	8.2		1.25	0.211

通过以上两方面检验可证实，匹配后消除了处理组和控制组的系统性差异，通过了平衡性检验，满足准随机化实验的要求：参与政策性担保机制的农业经营主体与未参与的农业经营主体各变量之间较为同质，PSM 的估计结果准确。

5.4.2　反事实估计结果比较

表 5-3 分别汇报了获得政策性担保贷款的农业经营主体与未获得政策性担保贷款农业经营主体 PSM 估计的结果。

表 5-3　政策性担保机制对农业经营主体信贷可得的影响

变量名称	取值说明	获得政策性担保贷款农业经营主体 vs. 未获得政策性担保贷款农业经营主体					
		ATT	t统计量	ATU	z统计量	ATE	z统计量
loanratio_f	匹配前	0.201	9.770	—	—	—	—
	匹配后	0.152	4.750	0.164	4.030	0.158	3.560
on support		644					

续表

变量名称	取值说明	获得政策性担保贷款农业经营主体 vs. 未获得政策性担保贷款农业经营主体					
		ATT	t 统计量	ATU	z 统计量	ATE	z 统计量
off support	Untreated	177					
	Treated	22					

由表 5-3 可知，总体来看，获得政策性担保贷款的农业经营主体的信贷可得要高于未获得政策性担保贷款的信贷可得，ATT 的估计结果为 0.152，对应的 t 值为 4.750，在 1% 水平上显著，ATU 的估计结果为 0.164，对应的 z 值为 4.030，在 1% 水平上显著，ATE 的估计结果为 0.158，对应的 z 值为 3.560，在 1% 水平上显著。这一结果说明政策性担保机制的介入能够提高农业经营主体的信贷可得，从而验证了假说 H6。另外，在总共 843 个观测值中，控制组（Untreated）共有 177 个不在共同取值范围中，处理组（Treated）共有 22 个不在共同取值范围中（off support），其余 644 个观测值均在共同取值范围中（on support）。

5.4.3　稳健性检验

为进一步验证上述结果的可靠性，本章主要从更改匹配方法和偏差校正匹配估计量两个层面对估计结果进行稳健性检验。

第一，改变匹配方法，分别使用半径匹配法和核匹配法给予重新估计，其中在进行半径匹配时，为了保守起见，将卡尺范围定位 0.01，这意味着对倾向得分相差 1% 的观测值进行一对四匹配，表 5-4 的结果显示，半径卡尺内一对四匹配的结果与简单的一对四匹配比较接近，说明大多数一对四匹配均发生在卡尺 0.01 的范围内，不存在太远的近邻，同时，核匹配的结果依然类似，说明改变匹配方法，估计结果依然稳健。

第二，偏差校正匹配估计量。由于在倾向得分匹配第一阶段估计倾向得分时存在不确定性，可使用 Probit、Logit 或非参数估计，主观性较强，更重要的是由于非精确匹配一般存在偏差，Abadie 和 Imbens（2002）提出了偏差校正的方法，通过回归的方法估计偏差，然后得到偏差校正匹配估计量。另外，他们还通过在处理组和控制组内部进行二次匹配，来得到在异方差条件下也成立的稳健标准误。在使用异方差稳健标准误估计并进行偏差校正后，ATT 的结果为 0.138 且在 1%的水平上显著。具体结果如表 5-4 所示。

表 5-4 稳健性检验

变量名称	取值说明	获得政策性担保贷款农业经营主体 vs. 未获得政策性担保贷款农业经营主体					
		半径匹配		核匹配		偏差校正匹配估计量	
		ATT	t 统计量	ATT	t 统计量	SATT	z 统计量
loanratio_f	匹配前	0.326	9.77	0.326	9.77	0.138	4.50
	匹配后	0.327	3.66	0.335	4.79		

5.5 政策性担保机制助贷效应的异质性作用机理：扩展性检验

为进一步探寻政策性担保机制对不同属性农业经营主体信贷可得的作用机理，本部分从农业经营主体社会资本和反担保措施的差异性切入，运用去除异方差的稳健标准误的 OLS 回归以及二阶段最小二乘法 2SLS，检验政策性担保机制对具有异质性社会资本以及不同反担保特征农业经营主体信贷可得的差异性作用原理。

5.5.1 模型设定与变量选择

为了验证假说 H6a、假说 H6b，构建以下模型：

$$\text{loanratio\_f} = \beta_0 + \beta_1 \text{Formal} + \beta_2 \text{Informal} + \alpha_i X_i + \varepsilon_i \tag{5-25}$$

$$\text{loanratio\_f} = \zeta_0 + \zeta_1 \text{Cguarantee}_i + \eta X_i + \varepsilon_i \tag{5-26}$$

式（5-25）中，β_1、β_2、α_i 分别表示待估参数，X_i 表示控制变量向量，ε_i 表示随机扰动项，且服从正态分布，式（5-26）中，系数 ζ_1 为待估参数，其他同式（5–25）。

被解释变量：正规信贷可得性（loanratio_f），利用农业经营主体 2019 年获得的正规信贷总额除以资产总额计算得出。在稳健性检验时采用政策性担保贷款的可得性（borrowratio）作为替代指标，利用 2019 年政策性担保贷款金额除以总资产金额计算得出。

核心解释变量：非正式社会资本（informal）、正式社会资本（formal）、反担保措施（cguarantee）。首先，由于受地域文化和交流语言等多种因素影响，有些地区社会网络整体表现出封闭、内聚的特征，农业经营主体与外界沟通能力有限，多通过日常生产生活中的事务性互相帮助，促进信任和互惠。在这种同质性互动中，礼金支出作为相对稳定的现金流，是农业经营主体基于亲缘、血缘、地缘对同一社会网络圈层关系的投资。因此，本章按照农业经营主体 2019 年礼金支出的平均值进行分组，大于平均值定义为非正式社会资本丰富组，否则为匮乏组。其次，为了获取社会网络中权力层级的稀缺资源，农业经营主体还通过与拥有资源配置权的个体（例如，政策性担保机构工作人员、上一级政府部门工作人员、金融机构信贷员等）进行异质性互动，建立目的性社会关系。由于农业经营主体的个体特征与面临的约束条件不同，其构筑的异质性社会关系网络也不同，同时农业经营主体亲朋好友的政治经历可以在一定社会网络圈层内共享。因此，本章按照农业经营主体自己或亲朋好友是否在政府部门有过任职经历，将其分为正式社会资本丰富组和匮乏组。最后，对于不同反担保措施的分组，由于样本地区大多数农业经营主体的生产方式为农牧兼业，很难区分纯牧户或纯农户，因此，本章以农业经营主体 2019 年农业经营主体固定资产现值的平均值进行分组，大于平均值定义为具有反担保品特征的农业经营主体，小于平均值定义为具有反担保人特征的农业经营主体，以后各章相同。同时，选取亲朋好友在政府部门工作的人数（govnum）、过年期间互相拜年亲朋好友的人数（visitnum）、2019 年固定资产总额与资产总额的比值（fixedassets）分别作为稳健性检验时正式社会资本、非正式社会资本、反担保措施的替代变量。

工具变量：由于被解释变量和解释变量之间可能存在反向因果关系，这会导致模型的估计结果有偏。因此，选取去镇政府的次数（frequency）、紧急情况可以借到钱的人数（borrownum）、地区 GDP（gdp），分别作为正式社会资本、非正式社会资本以及反担保措施的工具变量，解决内生性问题。首先，工具变量外生，不直接对农业经营主体信贷可得产生影响。其次，工具变量与农业经营主体正式社会资本、非正式社会资本以及反担保措施之间存在紧密的关系。农业经营主体去镇政府的次数越多，正式社会资本可能越多；紧急情况可以借到钱的人数越多，说明农业经营主体的非正式社会资本越多，地区 GDP 越高，说明该地区农业经营主体的财富水平较高，拥有更多的农用机械，可以充当反担保品。

控制变量：从已有研究可知，个体特征、生产经营特征、资源禀赋会对农业经营主体的信贷可得产生影响。因此，在个体特征方面，选取年龄（age）、性别（sex）、民族（nation）、家庭人口数（pop）；在生产经营特征方面，选取劳动力占比（labor）、农户类型（type）、近三年是否参加过培训（cultivation）；在资源禀赋方面，选取健康状况（health）、是否有其他技能（others）、对贷款政策是否了解（information）、流动性资产水平（lncash）、消费支出情况（lnconsume）、总收入水平（lnrevenue），同时控制地区差异。

5.5.2　描述性统计分析

本部分研究主要变量的描述性统计如表 5-5 所示。

表 5-5　主要变量的描述性统计

变量	取值说明	均值	标准差	最小值	最大值
被解释变量					
loanratio_f	获得的正规信贷总额/资产总额（%）	0.326	0.388	0.039	3.811
borrowratio	获得的政策性担保贷款总额/资产总额（%）	0.242	0.353	0.009	5.049
解释变量					
formal	是否自己或亲朋好友在政府部门有过任职经历（是=1；否=0）	0.408	0.492	0.000	1.000
informal	以 2019 年礼金支出平均值为界限（大于均值=1，小于均值=0）	0.468	0.500	0.000	1.000
cguarantee	以 2019 年固定资产现值取对数后的平均值为界限（大于均值，具有反担保品特征=1；小于均值，反担保人特征=0）	0.451	0.498	0.000	1.000
govnum	亲朋好友在政府部门工作的人数（个）	1.235	1.896	0.000	10.000

续表

变量	取值说明	均值	标准差	最小值	最大值
visitnum	过年期间亲朋好友相互拜年的人数	47.108	27.766	5.000	200.000
fixedassets	固定资产总额/资产总额（%）	0.140	0.179	0.003	0.885
工具变量					
frequency	每年去镇政府的次数（次）	11.473	19.137	0.000	120.000
borrownum	紧急情况可以借到钱的人数（人）	4.719	5.110	0.000	26.000
gdp	2019 年旗（县）地区生产总值取对数（万元）	22.746	0.735	21.279	24.021
控制变量					
age	户主年龄（岁）	43.622	7.820	23.000	63.000
sex	户主性别（男＝1；女＝0）	0.814	0.390	0.000	1.000
nation	民族（汉族＝1；蒙古族＝0）	0.203	0.403	0.000	1.000
pop	家庭常住人口数量（人）	4.216	1.289	2.000	8.000
labor	劳动力占比：劳动人口数/家庭总人口数（%）	0.518	0.108	0.286	0.667
type	农户类型（农户＝1；牧户＝0）	0.251	0.434	0.000	1.000
cultivation	近三年是否接受过培训（是＝1；否＝0）	0.327	0.470	0.000	1.000
health	健康状况（有疾病＝1；一般＝2；健康＝3）	1.073	0.365	1.000	3.000
others	是否有其他技能（是＝1；否＝0）	0.462	0.499	0.000	1.000
information	对贷款政策是否了解（是＝1；否＝0）	0.254	0.436	0.000	1.000
lncash	2019 年流动性资产取对数（元）	9.043	1.425	6.216	13.096
lnconsume	2019 年消费支出总额取对数（元）	10.396	0.612	8.882	11.633
lnrevenue	2019 年总收入取对数（万元）	12.515	0.998	10.714	16.380

表 5-5 为描述性统计结果。被解释变量农业经营主体的正规信贷可得（loanratio_f）的均值为 32.60%，政策性担保贷款可得性（borrowratio）的均值为 24.20%，占到了正规信贷的 74.23%，说明政策性担保机制对农村金融市场进行了重构，能够在一定程度上解决样本地区农业经营主体融资难问题。农业经营主体正式、非正式社会资本的均值分别为 40.80%、46.80%，说明大部分处于社会资本匮乏状态，农村金融依赖的"人情场域"强度逐渐降低，且正式社会资本小于非正式社会资本，进一步验证了学者们所讨论的现实情况——正式社会资本在中国往往存量不足、质量不高（边燕杰和郝明松，2013）。亲朋好友在政府部门工作的人数（govnum）不到 2 人，过年期间亲朋好友相互拜年的人数（visitnum）为 47 人，进一步验证了以上说法。同时，具有反担保品特征的农业经营主体的均值为 45.10%，固定资产总额占资产总额（fixedassets）的均值为 14.00%，印证了学者们讨论的当前农村金融市场处于抵押品匮乏的状态。在个体特征方面，农业经营主体大多为四口之家，户主为男性，蒙古族，平均年龄为 44 岁，说明样本地区存在重男轻女现象，且家庭主要劳动力较为年轻。生产经营方面，家庭劳动力占比为 51.80%，农户类型均值为 25.10%，接受培训的均值为 32.70%，说明样本地区农业经营主体家庭中有一半人口务农，且大部分从事畜牧业，接受培训的农业经营主体较少，因此生产方式还停留在传统农牧业上，与现代农业还存在一定差距。资源禀赋方面，样本地区农业经营主体健康状况一般，除了农牧业生产很少有其他工作技能，对于政策性担保贷款的认知较为模糊，只有 1/4 的农业经营主体了解贷款的相关政策，农业经营主体 2019 年流动性资产、消费支出、总收入取对数的值分别为 9.043、10.396、12.515，消费支出超过流动性资产、接近总收入，说明农业经营主体可能存在超前消费、借贷消费的情况。

5.5.3 实证结果与分析

表 5-6 给出了模型的相关估计结果，其中结果（1）表示异质性社会资本对信贷可得的异方差稳健的 OLS 以及 2SLS 估计结果，结果（2）表示反担保措施对信贷可得的异方差稳健的 OLS 以及 2SLS 估计结果。

表 5-6　模型回归结果

变量	(1) 异质性社会资本对信贷可得的检验结果				(2) 反担保措施对信贷可得的检验结果			
	①异方差稳健的 OLS		②2SLS		③异方差稳健的 OLS		④2SLS	
	系数	标准误	系数	标准误	系数	标准误	系数	标准误
formal	0.063*	0.034	0.152**	0.067	—	—	—	—
informal	0.056*	0.031	0.074*	0.043	—	—	—	—
cguarantee	—	—	—	—	0.092**	0.040	0.149**	0.068
age	0.005**	0.002	0.005**	0.002	0.004**	0.002	0.004**	0.002
sex	−0.034	0.036	−0.041	0.035	−0.030	0.036	−0.029	0.035

续表

变量	(1) 异质性社会资本对信贷可得的检验结果				(2) 反担保措施对信贷可得的检验结果			
	①异方差稳健的 OLS		②2SLS		③异方差稳健的 OLS		④2SLS	
	系数	标准误	系数	标准误	系数	标准误	系数	标准误
nation	0.173 ***	0.062	0.166 ***	0.062	0.176 ***	0.062	0.179 ***	0.061
pop	−0.006	0.016	−0.007	0.016	−0.007	0.017	−0.007	0.016
labor	−0.433 ***	0.139	−0.445 ***	0.141	−0.455 ***	0.143	−0.462 ***	0.141
type	0.274 ***	0.051	0.278 ***	0.051	0.273 ***	0.052	0.276 ***	0.051
cultivation	0.200 ***	0.042	0.214 ***	0.045	0.169 ***	0.038	0.168 ***	0.037
health	0.060 *	0.036	0.060 *	0.035	0.057	0.037	0.059	0.037
others	0.228 ***	0.042	0.238 ***	0.043	0.222 ***	0.04	0.221 ***	0.04
information	0.248 ***	0.062	0.253 ***	0.063	0.254 ***	0.055	0.253 ***	0.053
lncash	−0.073 ***	0.018	−0.077 ***	0.018	−0.095 ***	0.023	−0.113 ***	0.029
lnconsume	−0.136 ***	0.04	−0.138 ***	0.039	−0.129 ***	0.04	−0.128 ***	0.038
lnrevenue	0.038 *	0.02	0.030	0.02	0.052 **	0.022	0.058 **	0.021
常数项	1.539 ***	0.437	1.642 ***	0.446	1.551 ***	0.457	1.608 ***	0.467
R^2	0.473		0.461		0.468		0.466	
F 值	6.93 ***				6.04 ***			
内生性检验 （DWH χ^2 Test）	5.064 *				3.059 *			
样本量	370							

注：* 、* * 和 * * * 分别表示在 10%、5% 和 1% 的水平上显著；模型中地理位置均已控制。下文同。

5.5.3.1　异质性社会资本对政策性担保信贷可得的检验结果

表 5-6 报告了基准回归与工具变量法的参数估计结果。为了处理内生性问题，本部分选取去镇政府的次数（frequency）、紧急情况可以借到钱的人数（borrownum）分别作为正式社会资本、非正式社会资本的工具变量。首先，DWH 检验显示，χ^2 统计量在 10% 的水平上显著（见表 5-6），表明存在内生性问题。其次，工具变量第一阶段估计结果显示，上述工具变量对正式社会资本、非正式社会资本都有显著影响，工具变量系数联合显著性的 F 统计量分别为 104.016 和 102.029，均大于 10，证明不存在弱工具变量（见表 5-7）。最后，为

了使结果更加稳健，避免样本数量有限的影响，又进行了极大似然法 LIML 估计，结果与 2SLS 相同，说明在有限信息时，结果依然稳健。

表 5-7　IV 估计第一阶段结果

变量	formal		informal		cguarantee	
	系数	标准误	系数	标准误	系数	标准误
frequency	0.015***	0.002	0.001	0.001	—	—
borrownum	0.010**	0.004	0.056***	0.005	—	—
gdp	—	—	—	—	0.513***	0.027
常数项	−0.915**	0.447	5.847	1.575	−12.147***	0.643
F 统计量	13.42***		21.14***		250.93***	
R^2	0.451		0.486		0.869	
工具变量联合显著性 F 检验	104.016***		102.029***		373.336***	
样本量	370					

根据表 5-6 稳健标准误的①异方差稳健的 OLS 和②2SLS 估计结果可知，在政策性担保机制作用下，正式、非正式社会资本对信贷可得均有显著的正向影响，正式社会资本的系数大于非正式社会资本的系数，具体而言，正式社会资本每增加 1 个单位，农业经营主体的信贷可得增加 0.152 个单位，且在 5% 的水平上显著，非正式社会资本每增加 1 个单位，农业经营主体的信贷可得增加 0.074个单位，且在 10% 的水平上显著，这一结果说明正式社会资本对农业经营主体信贷可得的增加大于非正式社会资本，从而验证了假说 H6a。

5.5.3.2　反担保措施对政策性担保信贷可得的检验结果

本部分选取 2019 年旗（县）地区生产总值（gdp）作为反担保措施的工具变量，进行了 2SLS 检验。首先，Hausman 异方差稳健的 DWH 检验显示，χ^2 统计量在 10% 的水平上显著（见表 5-6），表明基准回归模型确实存在内生性问题。其次，2SLS 估计的第一阶段结果显示，工具变量对反担保措施有显著影响，工具变量系数联合显著性的 F 统计量为 373.336，超过 10，证明不存在弱工具变量（见表 5-7）。最后，为了避免样本数量有限的影响，进行 LIML 法估计，结果与2SLS 相同，再次证明了不存在弱工具变量，且存在有限信息时，结果依然稳健。

根据表 5-6 稳健标准误的③异方差稳健的 OLS 和④2SLS 估计结果可知，政策性担保机制作用下，相对于反担保人措施，反担保品措施每增加一个单位，将使农业经营主体信贷可得增加 0.149 个单位，且在 5% 的水平上显著，这一结果表明相对于具有反担保人特征农业经营主体，政策性担保机制对于具有反担保品特征农业经营主体的资金融通作用更大，从而验证了假说 H6b，这进一步验证了政策性担保机制存在"反担保品优先"的现象。

5.5.3.3　农业经营主体信贷可得的其他影响因素

表 5-6 的结果进一步显示，对农业经营主体信贷可得影响为正的变量主要有年龄（5% 的水平上显著）、民族（1% 的水平上显著）、农户类型（1% 的水平上显著）、是否接受过培训（1% 的水平上显著）、是否有其他技能（1% 的水平上显著）、对贷款了解程度（1% 的水平上显著）、总收入（5% 的水平上显著）、健康状况（10% 的水平上显著）。

对农业经营主体信贷可得影响为负的变量主要有劳动力占比、流动资产、消费支出，且都在 1% 的水平上显著，农业经营主体的劳动力越多，生产效率越低，收入越少，信贷可得越小；流动资产包括现金、银行存款、种子化肥、农产品等，越多说明用来消费的可能性会比较高，或者产成品存在质量问题，不能及时变现，应适当减少流动资产持有量，增加固定资产占总资产的比重，可能更有利于发挥反担保品的作用；消费支出越多，信贷可得越少，说明为了避免农业经营主体可能存在超前消费、借贷消费，应限制其正规信贷需求规模。

此外，在控制上述变量影响的基础上，其他变量的影响不再显著。

5.5.4　稳健性检验

稳健性检验一：替换变量。针对异质性社会资本对信贷可得的稳健性检验，首先，国家"金融支农"的政策导向，多家金融机构对农牧区金融市场的抢占，使农牧区的借贷环境较为宽松，一个农业经营主体拥有多笔贷款的现象较为普遍（许黎莉等，2020）。政策性担保机制的助贷效应，不仅体现在对不同属性特征农业经营主体信贷总额的提升上，还体现在对不同属性特征农业经营主体政策性担保贷款金额的提升上。因此，本部分的稳健性检验将被解释变量信贷可得替换为政策性担保贷款可得性（borrowratio）。其次，正式社会资本以地位寻求为目标，主要表现为农户的政治身份等稀缺资源（孙颖和林万龙，2013）。在圈层差序格局的作用下，农户亲朋好友的政治资源可以在一定程度上共享，因此，本部分的稳健性检验将正式社会资本替换为亲朋好友在政府部门工作的人数（govnum）。非正式社会资本是以建立强关系为目标，它和农户自身的亲友状况有关（彭澎和吴蓓蓓，2019）。春节是中国最重要的传统节日，具有持续时间长、交往幅度大、所有关系可能都用上等特点。春节期间的互拜、礼品交换、互相宴请等活动等能够维持与亲朋好友之间的强关系（边燕杰和张文宏，2001）。因此，本部分的稳健性检验将非正式社会资本分别替换为过年期间亲朋好友相互拜年的人数（visit-num）。最后，同时替换被解释变量与解释变量，进行稳健性检验，估计结果如表5-8中①替换被解释变量、②替换解释变量、③同时替换所示。显著性水平和影响方向与基准结果相比没有明显变化，说明异质性社会资本对信贷可得基本回归估计结果较为稳健。

表5-8 异质性社会资本对信贷可得的稳健性检验

变量	稳健性检验一						稳健性检验二	
	①替换被解释变量		②替换解释变量		③同时替换		缩尾处理	
	系数	标准误	系数	标准误	系数	标准误	系数	标准误
formal	0.055**	0.027	0.059***	0.011	0.038***	0.011	0.065*	0.034
informal	0.0467*	0.026	0.001*	0.0007	0.0005*	0.0003	0.056	0.031
R^2	0.371		0.550		0.402		0.479	
F值	3.74***		7.19***		3.73***		7.35***	
样本量	370						364	

对于反担保措施对信贷可得的稳健性检验，首先，如前文所述，将被解释变量正规信贷可得性替换为政策性担保贷款可得性（borrowratio）；其次，在基础回归时，反担保措施以0、1变量（农业经营主体固定资产现值是否大于平均值）进行衡量，然而这种处理方式平滑了农业经营主体反担保特征的差异性，因此，本部分稳健性检验将反担保措施替换为固定资产总额/资产总额（fixedassets），以反映反担保特征的差异性对农业经营主体信贷可得的影响；最后，同时替换被解释变量与解释变量，进行稳健性检验，估计结果如表5-9中①替换被解释变

量、②替换解释变量、③同时替换所示。与基准结果相比，除了替换被解释变量
不显著外（P 值为 0.100），其他变量在显著性和影响方向上没有明显的变化，
说明基准回归结果较为稳健。

表 5-9　反担保措施对信贷可得的稳健性检验

| 变量 | 稳健性检验一 | | | | | | 稳健性检验二 | |
| | ①替换被解释变量 | | ②替换解释变量 | | ③同时替换 | | 缩尾处理 | |
	系数	标准误	系数	标准误	系数	标准误	系数	标准误
cguarantee	0.083	0.050	0.529**	0.216	0.372**	0.184	0.094**	0.040
R^2	0.367		0.483		0.374		0.475	
F 值	3.39***		6.27***		3.58***		6.33***	
样本量	370						364	

稳健性检验二：缩尾处理。将样本按照 1%缩尾处理后，估计结果见表 5-8
和表 5-9。由结果可知，相关检验结果与基准回归结果相比并未发生较大改变，
这说明基准回归结果较为稳健。

稳健性检验三：社会资本相关性检验。社会资本缺乏清晰的界限和测量方
法，非正式、正式社会资本之间可能存在较强的相关性。因此，本部分对数据进
行相关性分析。分析结果显示，相关性系数值为 0.137，且在 1%的水平上显著，
说明两个变量之间相关性较弱。

5.6　本章小结

5.6.1　研究结论

本章运用 PSM 方法估计了政策性担保机制的助贷效应，即政策性担保机制
是否能够增加农业经营主体的信贷可得，解决融资难问题；同时运用异方差稳健
的 OLS 和 2SLS 回归方法检验了政策性机制更倾向于为何种类型的农业经营主体

提供担保。估计结果显示：首先，政策性担保机制的介入能够提高农业经营主体的信贷可得。其次，相对于拥有非正式社会的农业经营主体，政策性担保机制更能够增加拥有正式社会资本农业经营主体的信贷可得。再次，相对于具有反担保人特征农业经营主体，政策性担保机制更能够增加具有反担保品特征农业经营主体的信贷可得；即政策性担保机制存在反担保品优先现象。最后，研究结果还显示，农业经营主体的培训经历、金融素养、其他生存技能以及总收入的规模都可以提高农业经营主体的信贷可得，另外，样本地区农业经营主体存在流动资产过剩以及超前消费、借贷消费现象。

5.6.2 进一步讨论

在"担保支农"的缔约阶段，政策性担保机制通过发挥第三方——抵押品替代功能，对农村金融市场进行了重构，增加了农业经营主体的信贷可得，解决了融资难问题。然而，由于政策性担保机制本身多层级委托代理关系，使得传统信贷的银行—农业经营主体之间的信息不对称，转变为政策性担保机构—农业经营主体、政策性担保机构—银行、政策性担保机构—当地政府多层级的信息不对称。由于政策性担保机构支农任务、市场运营双目标导向，以及农村金融市场中的高交易成本制约，使得政策性担保机制在实际运作过程中设置一定的门槛，只有符合条件的农业经营主体才获得担保，为了节约筛选成本、监督成本且保证贷款安全，本章的研究结论显示具有正式社会资本以及具有反担保品特征的农业经营主体更容易跨过政策性担保机制的门槛，得到更多的政策性担保贷款。那么值得进一步探讨的问题是，具有正式社会资本以及具有反担保品特征的农业经营主体是不是政策上要求政策性担保机制给予支持的那部分人？这部分农业经营主体的融资成本是否得到降低？是否能够实现最大的增收效应？是否能够积极偿还贷款？这种筛选机制是否会产生逆向选择或是道德风险？本书的第6章至第8章将进一步探讨。

第6章 缔约阶段：政策性担保机制的节本效应检验

接第5章，本章通过评价"担保支农"缔约阶段的节本效应，回答政策性担保机制是否以及如何降低农业经营主体融资成本的问题。

6.1 引言

降低综合融资成本，切实解决农业经营主体的融资贵问题，同样是财政支持建立政策性担保机制的初衷。近年来，国家不断健全政府性融资担保的"四梁八柱"，相继出台了《融资担保公司监督管理条例》及配套制度，印发了《国务院关于促进融资担保行业加快发展的意见》《国务院办公厅关于有效发挥政府性融资担保基金作用切实支持小微企业和"三农"发展的指导意见》《政府性融资担保、再担保机构绩效评价指引》等纲领性文件，旨在突出政策导向，聚焦支小支农、拓展业务规模、降低担保费率，引导政府性融资担保发挥逆周期调节作用，与已出台的各项政策形成合力，有效缓解农业经营主体融资贵问题。

学者们对政策性担保机制在"支农"的缔约阶段是否能够发挥节本效应，降低农业经营主体的融资成本，解决融资贵问题的评价褒贬不一。持肯定态度的学者认为，通过国家宏观调控政策导向（林全玲和许明月，2007）、政府的隐性担保（Cerqueiro 等，2016），实现了政策性担保贷款的低利率供给；通过信息优势（Akerlof，1970）、专业化优势（彭磊，2003）以及互联的关系型契约（许黎莉和陈东平，2019）降低了政策性担保机制的内生性交易费用，进而解决农业经营主体融资贵问题。持否定态度的学者则认为，基于效率的担保费用定价（付俊文和李琪，2004）、双重风险控制费用、补贴依赖本质（Navajas 等，2000）、担保机构庞大的运营成本（He 等，2014）、双重审批增加的交易成本，使得政策性担保机制的介入可能会给信贷双方增加不必要的成本。另外，当银行和政策性担保机构分担风险时，除非各方责任得到明确的划分，否则成本可能被复制（Green，2003）。银行、政策性担保机构向违约贷款索赔将意味着额外的交易成本，特别是当发生需要解决的争议时；如果农业经营主体必须应付两个主体（银行和政策性担保机构）而不是一个主体，则会增加交易成本。因此，政策性担保机制并不能解决农业经营主体融资贵问题。

基于此，本章将农业经营主体政策性担保融资过程根据不同的成本动因分为显性融资成本、隐性融资成本与政策性担保机制转嫁的机会成本，采用内蒙古自治区 6 个盟（市）843 户农牧户的调研样本，借助"担保支农"政策出台的自然实验，运用倾向值匹配法构建政策性担保的反事实框架，实证检验政策性担保机制对农业经营主体显性融资成本的作用原理及政策效果。在此基础上，从异质性社会资本与不同反担保措施视角切入，考察隐性融资成本、转嫁机会成本作用下，政策性担保机制对不同属性特征农业经营主体成本支出的差异性作用，以使政策评估的结论更加丰富、具体，政策建议更加具有针对性。结果显示，基于经济激励的衍生功能，政策性担保机制降低了农业经营主体的显性融资成本。由于拥有正式社会资本的农业经营主体需要承担政策性担保融资的隐性融资成本，政策性担保机制更能够降低拥有非正式社会资本的农业经营主体的成本支出；由于具有反担保品特征的农业经营主体需要承担更多政策性担保机构转嫁机会成本，政策性担保机制更能够降低具有反担保人特征的农业经营主体的成本支出。因此政策性担保机制虽然降低了农业经营主体的显性融资成本，但也会增加隐性融资成本以及转嫁机会成本，如果转嫁不力，可能会产生道德风险。

6.2　政策性担保机制节本效应的作用原理：
一个理论框架

从内涵功能与外延效能出发，经济学理论将成本划分为显性成本与隐性成本，其中，显性成本是指涉及现金流出的成本，隐性成本指不需要现金流出的成本。通过对经济学成本理论的延伸和拓展，本章将农业经营主体政策性担保融资过程发生的成本区分为三个成本项目：显性融资成本、隐性融资成本以及政策性担保机构的转嫁机会成本。首先，显性融资成本是指农业经营主体获取贷款所需支付的利息与担保费，是融资成本项目中每个农业经营主体都应该承担的最主要内容①。其次，隐性融资成本是指农业经营主体为了获得（或继续使用）政策性担保贷款而确实发生的，但是不会被计入显性融资成本里的隐性成本。例如，为了获取政策性担保资源请客吃饭的开销，获得政策性担保贷款的等待时间，以及当生产变现周期与还款时间不匹配时，为了及时偿还贷款农业经营主体"倒贷""借新还旧""低价格变现农产品"等额外的费用或收入的损失等。最后，政策性担保机构的转嫁机会成本是指虽然政策性担保机构属于国有产权，但其需要进行市场化运营。政策性担保机构为了达到正向激励的考核指标，产生的贷前审批成本或贷后监督成本，一部分与担保费配比（包括向农业经营主体的收费、国家财政的担保费补贴），另一部分则转嫁给农业经营主体。本部分将根据农业经营主体政策性担保融资过程的三类成本动因，探讨政策性担保机制"支农"缔约阶段的节本效应，即是否以及如何缓解农业经营主体融资贵问题。

---

① 本书将显性融资成本定义为农业经营主体获取贷款所需支付的利息与担保费。其依据为：第一，经济学理论中对显性成本的定义为涉及现金流出的成本，具体到农业经营主体政策性担保贷款融资过程，其显性融资成本即为每个农业经营主体在获得政策性担保贷款所涉及的现金流出成本，即为利息支出与担保费用的合计金额。第二，《财政部 农业部 银监会关于做好全国农业信贷担保工作的通知》规定，要确保农业贷款主体实际承担的综合信贷成本（贷款利率、贷款主体承担的担保费率、增值服务费率等各项之和）控制在8%以内，如基准利率调整，按实增减对8%予以调整。文件中所提到的综合信贷成本（贷款利率、贷款主体承担的担保费率、增值服务费率等各项之和）即为本书的显性融资成本（增值服务费一般为0）。

6.2.1 政策性担保机制对显性融资成本的作用机理——担保衍生功能

政策性担保机制直接的制度性使命是实现农业经营主体的资金融通，在此基础上又衍生出了一种附加功能——经济激励功能。《融资担保公司监督管理条例》以行政法规的形式将融资担保纳入普惠金融的范畴。《关于进一步做好全国农业信贷担保工作的通知》以及《国务院办公厅关于有效发挥政府性融资担保基金作用切实支持小微企业和"三农"发展的指导意见》都强调了政策性担保机制是构建服务乡村振兴战略多元投入机制的重要布局，具有"稳增长，调结构"推动普惠金融战略落实、助力贫困地区发展壮大农业产业、带动贫困户脱贫增收的功能。从这一系列文件中可以发现，政策性担保机制目标和功能的扩展，文件中同时规定，政策性担保机构要保本微利运行，切实降低"三农"综合融资成本，确保政策性农业担保业务贷款主体实际负担的担保费率不超过0.8%（政策性扶贫项目不超过0.5%），财政补助后的综合担保费率（向贷款主体收取和财政补助之和）不得超过3%，农业贷款主体实际承担的综合信贷成本（贷款利率、贷款主体承担的担保费率、增值服务费率等各项之和）控制在8%以内，低于当前农村信贷市场平均融资成本[1]。

6.2.1.1 金融机构低利率供给的动力源泉

第一，中央对金融机构支农的政治期待。中国农村金融体制是党和政府支持农村经济发展的主要融资工具，这源于中国特色的金融控制。为了实现政治目标，中央可以对金融体系提出政治要求，改变金融资源配置（张杰，2008）。在所有金融机构中，涉农金融机构受到的金融控制最强，金融功能财政化程度最高。近年来，围绕中央"补齐'三农'领域短板等重点工作"，金融机构被赋予"加大信贷投入力度，提高风险保障水平，助力补齐'三农'领域突出短板，确保如期全面建成小康社会、'十三五'规划圆满收官、打赢脱贫攻坚战和风险防控攻坚战"的政治任务，由此便有了中国农业银行"千乡千队，万村百亿"等助力脱贫攻坚的专项行动。第二，政策性担保机制中政府的隐性担保，解决了金

---

① 银行抵押贷款利率为月息8厘至1分5厘，融资成本大于10%；亲朋好友借款利率为月息1分5厘至2分，融资成本大于15%；民间借贷利率为月息2分至3分，融资成本大于20%。

融机构支农的现实问题。在未解决农村金融市场传统信贷模式中金融机构"三难"——优质客户获取难、信贷风险控制难、成本收益平衡难的基础上，对以追求利润最大化为主要经营目标的金融机构，再赋予"支农"任务的双目标运营，必然会导致"上有政策、下有对策"的选择性行为，"有利就执行、无利就变形"等偏离忠实性执行的现象使政策效果大打折扣，农村金融供给依然不足（董玄等，2016）。政策性担保机制基于与银行风险共同管理、责任比例分担的风险分担机制，实现了政银担"抱团"的工作新组合。基于与金融机构签订"总对总"的合作新模式，实现了少环节、成批量、低成本的支农信贷担保新产品供给。通过政府隐性担保优先代偿的机制可以避免农业经营主体道德风险产生的代偿损失。第三，政策性担保公司注册资本金存储弥补银行低收益。政策性担保机构的注册资本金作为金融机构的大额储蓄存款，完成了银行的存储任务，为银行带来了丰厚的流动性收益。因此，政策性担保机制可以解决银行在农村金融市场中的"三难"问题，实现金融机构的低利率供给。

6.2.1.2　政策性担保机构低担保费率供给的动因

第一，财税正向激励机制，驱动政策性担保机构实现低收费下的市场化运营。相关文件要求，省级农业信贷担保机构的政策性业务实行双控标准。一是控制业务范围；二是控制担保额度。服务对象聚焦家庭农场、种养大户、农民合作社、农业社会化服务组织、小微农业企业等农业适度规模经营主体，以及国有农（团）场中符合条件的农业适度规模经营主体，单户在保余额控制在 10 万~200 万元，对适合大规模农业机械化作业的地区可适当放宽限额，但最高不超过 300 万元。省级农担公司符合双控标准的担保额不得低于总担保额的 70%。通过奖补激励、资本金补充、风险补偿、绩效考核"双挂钩"、扶持政策等公司治理机制，中央财政对完成政策性业务规模的担保机构给予业务奖补、担保费补贴、代偿补偿、税收优惠等正向激励，以激发政策性担保机构市场化运作的内生动力，提升融资担保机构可持续经营能力。第二，"制度笼子"第三方绩效评价等约束机制确保政策性担保机构实现"担保支农"的政治使命。为避免再次发生恶性事件，同时巩固、扩大政策性担保机制的制度红利，一系列配套制度安排应运而生，形成牢固的"制度笼子"，其中包括《融资担保公司监督管理条例》四项配套制度等。聘请第三方机构对政策性担保机构的业绩进行评价，评价结果与中央财政补奖资金规模挂钩，与省级农担公司薪酬总额、高管薪酬和职务任免等挂钩，以避免政策性担保机构无序运营、对财政兜底的过分依赖。激励机制与制度约束两者同方向匹配，相互拱卫，指导政府性融资担保机构的运作方式，极大地维系了政策性担保机制的"担保支农"使命存续与稳定。因此，提出待检验假说如下：

H7：政策性担保机制的介入能够降低农业经营主体的显性融资成本。

6.2.2 基于隐性融资成本的异质性社会资本对成本支出的作用机理

林南（2005）认为，社会资本可以运作主要缘于被代理人投资的社会关系可以强化身份或认同感、作为个人社会信用的证明、促进信息的流动以及对代理人施加影响，从而抑制代理人的机会主义行为。因此，本章承接第5章对农业经营主体正式、非正式社会资本的分类，基于林南（2005）提出的社会资本理论四要素"强化、社会信用、信息、影响"逻辑框架，解释隐性融资成本作用下，政策性担保机制对不同社会资本存量农业经营主体成本支出的影响。

6.2.2.1 强化属性：声誉投资沉没成本的差异性

"熟悉"是我国乡土社会的重要特征，是一种非制度性的信任关系。在熟人信任的农村社会，农业经营主体确信自己不仅是一个有价值的个体，还是一个共享相似利益和资源的社会群体成员。在这种强化背景下，农业经营主体都会自发地建立好声誉，获取声誉租金。具备正式社会资本的农业经营主体更愿意建立自身良好的声誉，通过跨越不同的社会网络，经过不同的利益节点，与拥有政策性担保资源的主体进行异质性互动。声誉越好，获得的信任越多，获取政策性担保贷款的概率也越大。而这种声誉投资具有一定的路径依赖性，投资越多，农业经营主体就会更愿意为其维持和扩大作进一步投资，但是这种成本并不是累加式的，而是累乘式的成倍增长，且属于沉没成本。因此，相比于非正式社会资本，正式社会资本在通过强化属性获得政策性担保资源的同时，需要花费更多的声誉投资成本。

6.2.2.2 社会信用属性：政治资源维护成本的差异性

如第5章所述，虽然正式社会资本在控制并获取政策性担保资源方面具有明显优势，但是由于通过正式社会资本寻找、获得有价值的政策性担保资源需要农业经营主体付出更多的努力，同时要意识到不同参与者对政策性担保资源的交换意愿、控制政策性担保资源的异质性，还要保证给政策性担保资源提供者分配更多的资源，因此，相比于非正式社会资本，正式社会资本在通过具有政治特征的社会信用获得政策性担保资源的同时，需要花费更多的政治资源维护成本。

6.2.2.3　信息属性：资源整合交易成本的差异性

农业经营主体嵌入社会网络后，除了获取政策性担保贷款，最重要的还是生产活动，生产过程中每个农业经营主体的技能、品行、生活禀性都形成了一种"软信息"，通过在产品、金融等市场中与利益相关者的长期重复交易与信息传递，实现了资源的整合与共享，可以节约小农户的交易成本、降低生产风险。由于农业经营主体非正式社会资本嵌入的社会网络与自身结构特征类似，这种同质性的互动由于具备共享的情感以及拥有相似的资源，农业经营主体之间更容易互相吸引并交换、获取不同种类的生产生活资源。因此，相对于正式社会资本，非正式社会资本在生产经营过程中更加容易互相帮助，资源整合与共享的门槛较低，因此生产过程中的交易成本较低。

6.2.2.4　影响属性：集体行动成本的差异性

基于影响属性，不具有正式社会资本的农业经营主体联合起来，实现集体行动，对具有正式社会资本农业经营主体的决策施加影响。此时，具有正式社会资本农业经营主体将对这些"具有特定分量"的影响有所忌惮，下意识减少"隧道"挖掘行为。因此，由于非正式社会资本农业经营主体集体行动成本较小，可以使政策性担保资源趋于平均分配。

综上所述，由于拥有正式社会资本的农业经营主体在获得政策性担保贷款时需要承担较高隐性融资成本，包括声誉投资沉没成本、政治资源维护成本、资源整合交易成本以及集体行动成本，使其成本支出大于拥有非正式社会资本的农业经营主体，因此，提出待检验假说如下：

H7a：相对于拥有正式社会资本的农业经营主体，拥有非正式社会资本的农业经营主体的成本支出较低。

6.2.3　基于转嫁机会成本的不同反担保措施对成本支出的作用原理

从政策性担保契约的环节细分来看，一笔政策性担保贷款授信前有两类成本，即信息搜集成本和信息处理与识别成本；授信后有两类成本，即监督控制成本和了结处置成本。其中，信息搜集成本与信息初始状态有关，信息处理识别成本与识别工具的运用水平有关，监督控制成本与制度设计及监督人员素质有关，了结处置成本与抵押物的处置难易程度有关。四类成本的边界是不清晰的，针对其中任一成本的优化都会随之造成另外三类成本或多或少的降低，四类成本之间具有正向联动效应（陈东平和丁力人，2020）。由于农村金融市场的高交易成本，政策性担保机构开展业务时可能会把这四类成本以一定方式转嫁给农业经营主体。承接第5章，本部分将农业经营主体分为具有反担保品特征、反担保人特征两类，重点考察转嫁机会成本作用下，政策性担保机制对不同反担保特征农业经营主体成本支出的影响。

首先，不同反担保措施信息筛选时的信号传递机制不同，导致了不同的信息采集、处理识别成本。与金融活动有关各方所有提升信贷缔约率、降低违约率的努力，都是围绕着信息质量展开的。信息质量包括信息来源的可靠、系统、易获程度，甄别、评判操作工具的成熟、简便程度，信息传递失真的控制程度。对于非内生于农村社会的政策性担保机构，其与农业经营主体之间存在严重的信息不对称，主要表现为无法获取农业经营主体的有效信息，没有来源或者来源不可靠，或是获取农业经营主体信息的成本很高，信息获取工具不成熟，失真严重。

反担保品特征以其本身的价值作为一种信号传递机制，发挥作用的前提是反担保品足额，易于处置。反担保人特征以反担保人的担保意愿作为一种信号，帮助政策性担保机构筛选客户，发挥作用的前提是：反担保人与农业经营主体之间信息对称，反担保人与政策性担保机构的利益诉求一致。在传统讲究人情、信任的农村社会中，相对于反担保品特征需要政策性担保机构专业化的评估成本，内生式的反担保人特征通过熟人社会机制，更能够帮助政策性担保机构高效、低成本地获取可靠信息。因此，反担保人特征能够降低政策性担保机制的信息搜集成本，减少政策性担保机构将其转嫁给农业经营主体的机会成本。

其次，不同反担保措施履约的激励机制不同，导致了不同的监督控制成本和了结处置成本。一笔政策性担保业务成立后，政策性担保机构的风险点就转移到贷后的监督和抵押物的处置上。如果政策性担保机构的贷后监督机制落后，贷后违约风险就会上升。反担保品特征将农业经营主体的利益与政策性担保机构绑定在一起，如果农业经营主体违约，反担保品的转让就会对农业经营主体归还贷款产生激励作用，增加了农业经营主体的违约成本，降低了其从事高风险活动的可能性，避免了道德风险的发生。然而，由于具备反担保品特征的各类农业资产（如农地、农机具、牛、羊、厂房等）因产权归属问题、流通市场不健全、资产贬值速度较快、易于转移等原因，导致政策性担保机构无法对其实施有效监督且难以变现、处置，反担保品特征下政策性担保机构的监督成本、处置了结成本都较高，政策性担保机构代偿后就得不到合理补偿，经营成本上升，农业经营主体承担政策性担保机构的这部分成本将增加。

反担保人特征作为一种履约激励发挥作用的路径是农业经营主体为了维持与反担保人之间的关系，会选择努力经营，降低违约风险。当农业经营主体违约时，反担保人将承担还款连带责任。因此，反担保人与政策性担保机构的利益诉求一致，会对农业经营主体进行监督，降低其违约风险。另外，即使农业经营主体违约，由于反担保人一般与农业经营主体具有相似的产业结构，并且对农业经营主体足够熟悉，也可以将其农地、厂房、牛、羊等自用或变现，以弥补其连带责任产生的代偿。因此，基于声誉、长期动态信息的监督机制，以及类似产业结构农业资产的易变现机制，反担保人特征降低了政策性担保机构的监督成本与处置了结成本，减少政策性担保机构将其转嫁给农业经营主体的机会成本。

综上所述，由于具有反担保品特征的农业经营主体需要承担较高的政策性担保机构的转嫁机会成本，包括贷前较高的信息采集、处理识别成本，以及贷后较高的监督控制成本、了结处置成本，使其成本支出大于具有反担保人特征的农业经营主体，因此，提出待检验假说如下：

H7b：相对于具有反担保品特征的农业经营主体，具有反担保人特征的农业经营主体成本支出较低。

6.3　研究设计

6.3.1　模型方法——倾向得分匹配法 PSM

沿用第 5 章的研究方法，本章同样借助"担保支农"的准自然实验，采用

k=4 的近邻倾向得分匹配法,研究政策担保机制是否降低了农业经营主体的显性融资成本。并同时给出卡尺内最近邻、核匹配以及偏差校正匹配估计量的结果作为稳健性检验。

6.3.2 数据来源与处理

本章沿用第 5 章的数据,具体样本构成见第 5 章。

6.3.3 变量选择与描述

被解释变量:农业经营主体的显性融资成本(lnInterest),使用 2019 年利息支出与担保费的合计金额作为替代指标。本书中显性融资成本中担保费的确定,采用直接询问、间接计算两种方法。调查员首先直接询问农业经营主体为了获得政策性担保贷款需要缴纳多少担保费,当农业经营主体不能清晰回答时,再采用间接计算法,即通过对政策性担保机构的访谈,确定担保费的收费标准,用农业经营主体政策性担保贷款总额乘以其适用的担保费率计算得出。

解释变量:2019 年是否获得政策性担保贷款(borrow_p),获得 = 1,未获得 = 0。

控制变量:农业经营主体的个体特征:年龄(age)、性别(sex)、家庭人口数(pop)、受教育程度(edu)和风险偏好程度(raverse、rseeking);家庭禀赋特征:农业经营主体家庭农牧业经营面积(perland);农业生产特征:农业经营主体生产性固定资产金额(pro asset)、2019 年总收入(revenue)以及是否进行产业调整(adjust)。各个变量的定义与描述性统计如表 6-1 所示。

表 6-1　主要变量的描述性统计

变量名称	取值说明	获得政策性担保贷款（处理组：370）		未获得政策性担保贷款（控制组：473）		总体（843）	
		均值	标准差	均值	标准差	均值	标准差
lnInterest	2019 年利息支出与担保费总额取对数（元）	1.937	1.365	2.150	2.305	2.054	1.937
age	户主年龄（岁）	43.622	7.820	50.307	10.112	47.372	9.754
sex	户主性别（1=男；0=女）	0.814	0.390	0.882	0.323	0.852	0.356

续表

变量名称	取值说明	获得政策性担保贷款（处理组：370）		未获得政策性担保贷款（控制组：473）		总体（843）	
		均值	标准差	均值	标准差	均值	标准差
pop	家庭常住人口数量（人）	4.216	1.289	3.340	1.214	3.725	1.320
edu	户主受教育年限（年）	8.938	2.401	7.990	3.208	8.406	2.919
perland	家庭经营的耕地与草场面积之和（亩）	442.145	810.634	2208.750	4371.333	1433.372	3430.620
pro asset	家庭生产用固定资产现值（万元）	21.775	51.569	4.707	4.859	12.199	35.362
revenue	2019 年总收入（万元）	56.727	121.623	15.173	35.531	33.412	87.270
raverse	是否风险厌恶（是=1；否=0）	0.662	0.474	0.539	0.499	0.593	0.492
rseeking	是否风险爱好（是=1；否=0）	0.230	0.421	0.298	0.458	0.268	0.443
adjust	2019 年是否进行规模、品种、技术等调整（是=1；否=0）	0.189	0.392	0.144	0.351	0.164	0.370

表 6-1 为获得政策性担保贷款的处理组、未获得政策性担保贷款的控制组以及总体样本的描述性统计结果。被解释变量农业经营主体显性融资成本处理组的均值小于控制组，说明政策性担保机制降低了农业经营主体的显性融资成本，与假说 H7 的预期相符。t 检验结果显示，其他解释变量处理组与控制组之间存在显著差异，因此需要进行匹配。

6.4 实证检验与分析

6.4.1 样本匹配效果

通过计算 k=4 近邻匹配前后各变量的标准差变动对匹配结果进行平衡性检验，以考察此匹配结果是否较好地平衡了数据，结果如表 6-2 所示。匹配后大多数变量的标准化偏差（%Bias）小于或近似10%，表明平衡性较好。所有变量 t 检验的结果不拒绝处理组与控制组无系统差异的原假设，表明参与政策性担保机制的处理组和未参与的控制组之间在协变量上的系统性差异基本消除，达到准随机化实验要求。

表6-2　获得政策性担保贷款的农业经营主体与未获得样本的平衡性检验

变量名称	匹配类型	获得政策性担保贷款农业经营主体	未获得政策性担保贷款农业经营主体	偏误比例（%）	偏误削减（%）	t统计量	P值
age	匹配前	43.622	50.247	-73.5	86.4	-10.33	0.000
	匹配后	43.813	42.910	10.0		1.48	0.139
sex	匹配前	0.814	0.901	-25.2	59.5	-3.63	0.000
	匹配后	0.810	0.845	-10.2		-1.21	0.227
pop	匹配前	4.216	3.326	71.0	88.5	10.12	0.000
	匹配后	4.193	4.091	8.1		1.05	0.295
edu	匹配前	8.938	8.062	30.8	87.0	4.32	0.000
	匹配后	8.728	8.842	-4.0		-0.58	0.564
perland	匹配前	442.140	2345.800	-59.2	98.4	-8.08	0.000
	匹配后	401.820	370.730	1.0		0.44	0.660
pro asset	匹配前	21.775	4.823	46.3	95.5	6.90	0.000
	匹配后	8.172	7.415	2.1		1.05	0.296
revenue	匹配前	56.727	15.746	45.6	96.9	6.75	0.000
	匹配后	28.454	29.716	-1.4		-0.34	0.731
raverse	匹配前	0.662	0.528	27.5	84.2	3.90	0.000
	匹配后	0.692	0.713	-4.3		-0.59	0.552
rseeking	匹配前	0.230	0.308	-17.7	89.4	-2.50	0.013
	匹配后	0.193	0.202	-1.9		-0.27	0.789
adjust	匹配前	0.189	0.139	13.5	24.3	1.93	0.054
	匹配后	0.193	0.231	-10.2		-1.19	0.235

6.4.2　反事实估计结果比较

表 6-3 分别汇报了获得政策性担保贷款农业经营主体与未获得政策性担保贷款农业经营主体 PSM 估计的结果。

表 6-3　政策性担保机制对农业经营主体信贷可得的影响

变量名称	取值说明	获得政策性担保贷款农业经营主体 vs. 未获得政策性担保贷款农业经营主体					
		ATT	t 统计量	ATU	z 统计量	ATE	z 统计量
lnInterest	匹配前	−0.213	−1.57	—	—	—	—
	匹配后	−0.464	−2.47	−0.003	0.01	−0.244	−1.10
on support		627					
off support	Untreated	149					
	Treated	39					

由表 6-3 可知，获得政策性担保贷款农业经营主体的显性融资成本要低于未获得政策性担保贷款的农业经营主体，ATT 的估计结果为 −0.464，对应的 t 值为 −2.47，在 5% 的水平上显著，从而验证了假说 H7，即政策性担保机制的介入能够降低农业经营主体的显性融资成本。另外，在总共 843 个观测值中，控制组（Untreated）共有 149 个不在共同取值范围中，处理组（Treated）共有 39 个不在共同取值范围中（Off Support），其余 644 个观测值均在共同取值范围中（On Support）。

6.4.3　稳健性检验

为进一步验证上述结果的可靠性，本章同样从更改匹配方法和偏差校正匹配估计量两个层面对估计结果进行稳健性检验，具体结果如表 6-4 所示。

在进行卡尺范围定位 0.01 的半径匹配、核匹配后，结果与 k = 4 的近邻匹配类似，在使用异方差稳健标准误估计并进行偏差校正后，ATT 的结果为 −1.047 且在 1% 的水平上显著，说明估计结果较为稳健。

表 6-4　稳健性检验

变量名称	取值说明	获得政策性担保贷款农业经营主体 vs. 未获得政策性担保贷款农业经营主体					
		半径匹配		核匹配		偏差校正匹配估计量	
		ATT	t 统计量	ATT	t 统计量	SATT	z 统计量
Interest	匹配前	−0.213	−1.57	−0.213	−1.57	−1.047	−7.98
	匹配后	−0.482	−2.46	−0.366	−2.13		

6.5　政策性担保机制节本效应的异质性作用机理：扩展性检验

PSM 方法验证了政策性担保机制可以降低农业经营主体的显性融资成本，为进一步探究隐性融资成本与转嫁机会成本作用下，政策性担保机制对不同属性特征农业经营主体成本支出的作用机理，本部分将已经获得政策性担保贷款的 370 个农业经营主体作为样本，运用去除异方差的稳健标准误的 OLS 回归，检验政策性担保机制影响下，异质性社会资本以及不同反担保措施对农业经营主体成本支出的差异性作用原理。

6.5.1　模型设定与变量选择

为了验证假说 H7a、假说 H7b，构建以下模型：

$$Totex = \beta_0 + \beta_1 Formal + \beta_2 Informal + \alpha_i X_i + \alpha \varepsilon_i \tag{6-1}$$

$$Totex = \zeta_0 + \zeta_1 Cguarantee_i + \eta X_i + \varepsilon_i \tag{6-2}$$

式（6-1）中，β_1、β_2、α_i 分别表示待估参数，X_i 表示控制变量向量，ε_i 表示随机扰动项，且服从正态分布，式（6-2）中，系数 ζ_1 为待估参数，其他同式（6-1）。

被解释变量：农业经营主体 2019 年总成本支出（lntotex）。包括 2019 年生产经营成本、生活成本、融资成本、教育支出、医疗支出与意外支出等合计金额。

在进行稳健性检验时用农业成本（lnagrexp）作为替代变量。

核心解释变量：非正式社会资本（informal）、正式社会资本（formal）、反担保措施（cguarantee），定义见 5.5.1。在进行稳健性检验时，分别采用亲朋好友在政府部门工作的人数（govnum）、农忙时帮忙的人数（helpnum）、家庭生产用固定资产规模（proasset）作为正式社会资本、非正式社会资本以及反担保措施的替代变量。

控制变量：从已有研究可知个体特征、生产经营特征、贷款特征、资源禀赋会对农业生产经营主体的成本支出产生影响。因此，个体特征方面，选取年龄（age）、家庭人口数（pop）、受教育年限（edu）；生产经营特征方面，选取农牧业经营面积（perland）、是否进行产业调整（adjust）；贷款特征方面，选取农业生产经营主体与最近金融机构的距离（bankdistance）、正规信贷规模（Debt2Rev）；资源禀赋方面，选取 2019 年收入增长率（Revgrowth）、务农年限（workingyears）、劳动力占比（labor）、健康情况（health）、近三年是否参加过培训（cultivation）、是否有银行存款（savings），同时控制地区差异。

6.5.2 描述性统计分析

本部分主要变量的描述性统计如表 6-5 所示。

表 6-5 主要变量的描述性统计

变量	取值说明	均值	标准差	最小值	最大值
被解释变量					
lntotex	农业经营主体 2019 年总成本支出取对数（元）	12.665	0.803	11.283	15.065
lnagrexp	2019 年农业支出总额取对数（元）	11.285	1.200	9.210	15.621
解释变量					
formal	是否自己或亲朋好友在政府部门有过任职经历（是＝1；否＝0）	0.408	0.492	0.000	1.000
informal	以 2019 年礼金支出平均值为界限（大于均值＝1，小于均值＝0）	0.468	0.500	0.000	1.000
cguarantee	以 2019 年固定资产现值取对数后的平均值为界限（大于均值，具有反担保品特征＝1；小于均值，反担保人特征＝0）	0.451	0.498	0.000	1.000

续表

变量	取值说明	均值	标准差	最小值	最大值
govnum	亲朋好友在政府部门工作的人数（个）	1.235	1.896	0.000	10.000
helpnum	农忙时节帮忙的人数（人）	7.516	6.223	0.000	26.000
proasset	2019年家庭生产用固定资产现值（万元）	21.775	51.569	0.370	360.000
控制变量					
age	户主年龄（岁）	43.622	7.820	23.000	63.000
pop	家庭常住人口数量（人）	4.216	1.289	2.000	8.000
edu	户主受教育年限（年）	8.938	2.401	5.000	16.000
perland	家庭经营的耕地或草场面积之和（亩）	442.145	810.634	0.000	5300.000
adjust	2018年是否进行规模、品种、技术等调整（是=1；否=0）	0.189	0.392	0.000	1.000
labor	劳动力占比：劳动人口数/家庭总人口数（%）	0.518	0.108	0.286	0.667
bankdistance	农牧户居住地与最近金融机构的距离（千米）	32.609	30.255	2.000	130.000
Debt2 rev	2019年正规信贷合计金额/2019年总收入	0.958	0.666	0.073	4.493
Revgrowth	（2019年总收入－2018年总收入）/2018年总收入	0.183	0.292	−0.321	1.669
health	健康状况（1=有疾病；2=一般；3=健康）	1.073	0.365	1.000	3.000
workingyears	务农年限（年）	20.611	9.875	0.000	43.000
cultivation	近三年是否接受过培训（1=是；0=否）	0.327	0.470	0.000	1.000
savings	在银行是否有存款（是=1；否=0）	0.224	0.418	0.000	1.000

表6-5为描述性统计结果。被解释变量农业经营主体的总成本支出取对数均值为12.665，大于显性融资成本均值1.937，说明在样本地区农业经营主体显性融资成本占到总成本支出的15.29%，总成本支出还包括农牧业成本、生活成本、教育支出以及意外支出。农牧业生产成本的均值为11.285，说明生产成本占到总成本支出的绝大比重，样本地区生产成本较高。农业经营主体正式、非正式社会资本的均值分别为40.80%、46.80%，说明大部分处于社会资本匮乏状态，农村金融依赖的人情场域强度逐渐降低，且正式社会资本小于非正式社会资本，进一步验证了学者们所讨论的现实情况——正式社会资本在中国往往存量不足、质量不高，尤其是贫困地区农户更为缺乏，能否发挥效用及其影响程度尚需考察（边燕杰和郝明松，2013）。政府部门工作的亲戚朋友平均为1人，农忙时节能够找

到 7 人帮忙，也说明了这一现象。同时，具有反担保品特征的农业经营主体的均值为 45.1%，说明大部分农业经营主体的融资约束程度较高，印证了学者们讨论的当前农村金融市场处于抵押品匮乏的状态。2019 年生产用固定资产现值的均值为 21.775 万元，标准差为 51.569，说明样本地区农业经营主体的反担保品差异较大，抵押品匮乏。

在个体特征方面，农业经营主体大多为四口之家，户主平均年龄为 44 岁，平均受教育年限为 9 年，说明农牧区存在重男轻女现象，户主为中年且文化水平较低，接纳新事物的能力有限。生产经营特征方面，农牧业经营面积均值为 442.145 亩，说明样本地区农业经营主体除了耕地还有草原。是否进行产业调整均值为 0.189，说明大部分农业经营主体还停留在传统、小农的生产方式上，没有做出产业调整的意愿。贷款特征方面，正规信贷规模占总收入的比重均值为 95.8%，说明样本地区农业经营主体的贷款规模与收入水平持平，与金融机构的距离均值为 32.609，说明样本地区金融机构覆盖率较低，基础设施较为薄弱。资源禀赋方面，2019 年样本地区平均收入增长率为 18.3%，说明样本地区收入增长较为缓慢，农业经营主体平均务农年限为 21 年、健康情况一般，接受培训的均值为 32.7%，说明样本地区农业经营主体具有一定的务农经验，但是接受培训的机会较少，因此生产方式还停留在传统农牧业上，与现代农业还存在一定差距。样本地区农业经营主体很少在银行有储蓄，流动性较差。

6.5.3 实证结果与分析

表 6-6 给出了模型的相关估计结果，其中结果（1）表示异质性社会资本对农业经营主体成本支出的 OLS 以及异方差稳健的 OLS 估计结果，结果（2）表示反担保措施对农业经营主体成本支出的 OLS 以及异方差稳健的 OLS 估计结果。

表 6-6　模型回归结果

变量	（1）异质性社会资本对成本支出的检验结果				（2）反担保措施对成本支出的检验结果			
	①OLS		②异方差稳健的 OLS		③OLS		④异方差稳健的 OLS	
	系数	标准误	系数	标准误	系数	标准误	系数	标准误
formal	0.348***	0.081	0.348***	0.081	—		—	

续表

变量	(1) 异质性社会资本对成本支出的检验结果				(2) 反担保措施对成本支出的检验结果			
	①OLS		②异方差稳健的 OLS		③OLS		④异方差稳健的 OLS	
	系数	标准误	系数	标准误	系数	标准误	系数	标准误
infornal	-0.134 *	0.078	-0.134 *	0.075	—	—	—	—
cguarantee	—	—	—	—	0.181 **	0.077	0.181 **	0.076
age	0.023 ***	0.006	0.023 ***	0.006	0.023 ***	0.006	0.023 ***	0.006
pop	-0.083 **	0.036	-0.083 **	0.036	-0.068 *	0.036	-0.068 *	0.037
edu	0.001	0.017	0.001	0.019	0.020	0.016	0.020	0.019
perland	0.0001 ***	4.71e-05	0.0001 ***	5.12e-05	0.0002 ***	4.70e-05	0.0002 ***	5.34e-05
adjust	0.424 ***	0.095	0.424 ***	0.115	0.444 ***	0.097	0.444 ***	0.115
labor	-0.727 *	0.428	-0.727 *	0.418	-0.549	0.434	-0.549	0.431
bankdistance	-0.002 *	0.001	-0.002 *	0.001	-0.002	0.001	-0.002	0.001
Debt2 rev	-0.228 ***	0.057	-0.228 ***	0.059	-0.232 ***	0.058	-0.232 ***	0.063
Revgrowth	-0.151	0.127	-0.151	0.122	-0.199	0.129	-0.199	0.122
health	-0.018	0.102	-0.020	0.141	0.001	0.103	0.001	0.133
workingyears	-0.019 ***	0.005	-0.019 ***	0.005	-0.019 ***	0.005	-0.019 ***	0.005
cultivation	0.090	0.083	0.090	0.083	0.095	0.08	0.0946	0.08
savings	0.013	0.089	0.013	0.094	-0.019	0.091	-0.0187	0.095
常数项	12.85 ***	0.475	12.85 ***	0.491	12.53 ***	0.478	12.53 ***	0.498
R^2	0.286		0.286		0.256		0.256	
F 值	9.44 ***		6.75 ***		8.73 ***		6.37 ***	
样本量	370							

注：*、** 和 *** 分别表示在 10%、5% 和 1% 的水平上显著；模型中地理位置均已控制。下文同。

6.5.3.1 异质性社会资本对农业经营主体成本支出的检验结果

由表 6-6 可知，通过比较①OLS 与②异方差稳健的 OLS 估计结果可知，稳健标准误与普通标准误的结果非常接近，说明异质性社会资本对农业经营主体成本支出影响的回归模型设定较为合理。具体而言，正式社会资本每增加 1 个单位，农业经营主体的成本支出增加 34.8%，且在 1% 的水平上显著；非正式社会资本每增加 1 个单位，农业经营主体的成本支出减少 13.4%，且在 10% 的水平上显著，从而验证了本章的假说 H7a：政策性担保机制作用下，相对于拥有正式社会资本的农业经营主体，非正式社会资本的农业经营主体的成本支出较低。这也进一步验证了具有正式社会资本的农业经营主体在获得了政策性担保机制授信后，由于需要承担更多的隐性融资成本，因此会显示出更高的成本支出。

6.5.3.2　反担保措施对农业经营主体成本支出的检验结果

由表 6-6 可知，通过比较③OLS 与④异方差稳健的 OLS 估计结果可知，稳健标准误与普通标准误的结果非常接近，说明反担保措施对农业经营主体成本支出影响的回归模型设定较为合理。具体而言，相对于反担保人措施，反担保品措施每增加一个单位，将使农业经营主体成本支出增加 18.1%，且在 5% 的水平上显著。从而验证了本章的假说 H7b：政策性担保机制作用下，相对于具有反担保品特征的农业经营主体，具有反担保人特征的农业经营主体成本支出较低。这进一步验证了具有反担保品特征的农业经营主体在获得政策性担保机制授信后，由于需要承担政策性担保机构的转嫁机会成本，因此显示高成本支出的特征。

6.5.3.3　农业经营主体成本支出的其他影响因素

表 6-6 的结果进一步显示，对农业经营主体成本支出影响为正的变量主要有户主年龄、家庭经营面积、是否进行产业调整，且都在 1% 的水平上显著。这说明随着年龄的增长，医疗支出等费用增加，导致总成本增加。家庭经营面积越大，生产成本越高，总成本增加。进行产业调整意味着需要投入更多的人力、技术、农业生产机械等，还包括一定的试错成本，因此总成本升高。

对农业经营主体成本支出影响为负的变量主要有贷款与收入比、工作年限、家庭人口数、劳动力占比、与银行距离，且分别在 1%、1%、5%、10%、10% 的水平上显著。其中贷款与收入比越高，说明农业经营主体能够获得更多的正规信贷，融资成本较低，因此总成本较低。工作年限越长，生产技术水平越娴熟，农业成本较低，总成本较低。家庭人口数越多，在消费支出上可以产生规模效应，节约一部分不必要的生活开销，因此总成本降低。与银行距离越远，总成本越低，说明农业经营主体居住在偏远地区，能够通过农业生产自给自足，生活成本较低，因此总成本较低。

此外，在控制上述变量影响的基础上，其他变量的影响不再显著。

6.5.4 稳健性检验

稳健性检验一：替换变量。对于异质性社会资本对成本支出的稳健性检验，首先，将被解释变量总成本支出替换为农牧业生产成本（lnagrexp）；其次，将正式、非正式社会资本分别替换为亲朋好友在政府部门工作的人数（govnum）、农忙时帮忙的人数（helpnum）；最后，同时替换被解释变量与解释变量，进行稳健性检验，估计结果如表 6-7 中①替换被解释变量、②替换解释变量、③同时替换所示。与基准结果相比，除了①替换解释变量非正式社会资本正向显著外（比较正式社会资本与非正式社会资本的系数后，非正式社会资本对成本支出小于正式社会资本的成本支出，符合假说 H7a），其他结果在显著性和影响方向上并无明显变化，这也表明了异质性社会资本对农业经营主体成本支出基本回归估计结果的稳健性。

表 6-7 异质性社会资本对成本支出的稳健性检验

变量	稳健性检验一						稳健性检验二	
	①替换被解释变量		②替换解释变量		③同时替换		剔除极端值	
	系数	标准误	系数	标准误	系数	标准误	系数	标准误
formal	0.488***	0.105	0.0574**	0.024	0.110***	0.025	0.332***	0.080
informal	0.236**	0.100	−0.012**	0.005	−0.013*	0.006	−0.131*	0.074
R^2	0.470		0.271		0.459		0.289	
F 值	16.05***		5.99***		18.32***		6.75***	
样本量	370						362	

针对反担保措施对成本支出的稳健性检验，首先，将被解释变量成本支出替换为农牧业生产成本（lnagrexp）；其次，将反担保措施替换为家庭生产用固定资产规模（proasset）；最后，同时替换被解释变量与解释变量，进行稳健性检验，估计结果如表 6-8 中①替换被解释变量、②替换解释变量、③同时替换所示。与基准结果相比，除了替换被解释变量不显著外（P 值为 0.100），其他变量在显著性和影响方向上并无明显变化，这也表明了基准回归估计结果的稳健性。

表 6-8　反担保措施对成本支出的稳健性检验

变量	稳健性检验一						稳健性检验二	
	①替换被解释变量		②替换解释变量		③同时替换		剔除极端值	
	系数	标准误	系数	标准误	系数	标准误	系数	标准误
cguarantee	0.542***	0.096	0.003**	0.001	0.010***	0.002	0.180**	0.076
R^2	0.472		0.267		0.565		0.263	
F 值	17.86***		5.72***		23.06***		6.26***	
样本量	370						362	

稳健性检验二：剔除极端值。将农业经营主体位于1%农业生产支出最多和1%农业生产支出最小的样本剔除掉，估计结果见表6-7和表6-8。由结果可知，在剔除掉极端收入的样本后，相关检验结果与基准回归结果相比并未发生较大改变，这说明估计结果是稳健的。

稳健性检验三：社会资本相关性检验。社会资本目前缺乏清晰的界限和测量方法，非正式、正式社会资本之间可能存在较强的相关性。因此，本书对数据进行相关性分析。分析结果显示，相关性系数值为0.137，且在1%的水平上显著，两个变量之间相关性较弱。

6.6　本章小结

6.6.1　研究结论

本章运用PSM方法与异方差稳健的OLS回归方法估计了"担保支农"缔约阶段政策性担保机制的节本效应，即政策性担保机制是否以及如何影响农业经营主体融资成本。研究结论如下：首先，政策性担保机制的介入能够降低农业经营主体的显性融资成本。其次，相对于拥有正式社会资本的农业经营主体，非正式社会资本的农业经营主体的成本支出较低。再次，相对于具有反担保品特征的农业经营主体，具有反担保人特征的农业经营主体成本支出较低。最后，研究结果还显示，农业经营主体的贷款与收入比值、工作年限、劳动力占比等都可以降低农业经营主体的成本支出，另外，农业经营主体进行产业调整，会增加总成本支出，同时未来是否能够产生收益还存在一定的不确定性，这可能也是农业经营主体仍愿意停留在传统小农生产方式的主要动因。

6.6.2 进一步讨论

政策性担保机制通过发挥"经济激励的衍生功能"，实现了金融机构低利率供给以及政策性担保机构的低担保费率供给，降低了农业经营主体的显性融资成本，解决了农业生产经营主体融资贵问题，发挥了节本效应。然而，农业经营主体在融资过程中除了显性融资成本，还面临着因为信息不对称、高交易成本等导致的隐性融资成本、政策性担保机构的转嫁机会成本，使得部分农业经营主体的成本支出在一定程度上增加，而这部分农业经营主体就是具有正式社会资本以及具有反担保品特征的农业经营主体。逐利性又使这部分农业经营主体选择申请更多的政策性担保贷款、寻求高风险高回报的投资项目。那么更多的政策性担保贷款供给是否会产生更高的增收效应？逐利性的投资需求是否会产生道德风险？本书的第7章、第8章将进行进一步探讨。

第7章　履约阶段：政策性担保机制的增收效应检验

本书第5章、第6章对"担保支农"缔约阶段的助贷效应、节本效应进行了检验，回答了政策性担保机制是否以及如何解决农业经营主体的融资困境、对何种类型的农业经营主体更为有效的问题。"担保支农"的履约阶段对应的是农业经营主体运用政策性担保贷款进行生产经营投资以及偿还政策性担保贷款的交易活动，在这一阶段，农业经营主体通过运用政策性担保贷款是否提高了生产效率，实现了收入增长；是否可以按时偿还政策性担保贷款，以保证财政资金的安全。本章与第8章通过检验政策性担保机制的增收效应以及违约风险予以回答。

7.1　引言

"促进农民增收"是历年中央一号文件关注的重点，随着国家政策的倾斜以及财政资源投入的加大，现阶段我国农民收入水平也在不断提高。然而，由于农村转型以及结构转型速度缓慢（黄季焜，2020）、WTO规则导致农业补贴的"天花板"效应（郭军，2018）、传统小农经营难以融入现代农业产业链（张红宇，2015）等因素的限制，农民增收陷入了新的瓶颈期。为此，政界、学术界探讨了一系列优化农业结构、转变农业发展方式，挖掘农业增长新潜力的制度安排，其中之一即为建立由财政支持的农业信贷担保体系，希望通过创新财政支农机制，解决农户融资难、融资贵问题，从而优化农村资源要素配置，实现农民增收。

学者们从政策性担保机制可以发挥增信、信号传递、信用风险缓释等作用，提升金融机构贷款发放意愿，实现资金融通。进一步地，部分学者又利用生产函数（许崇正和高希武，2005）、效用函数（方松海等，2011）等理论，解释了农户通过获得更多的贷款，降低流动性约束、改善资本配置、提升投资和经营能力，促进增收（Weber 和 Musshoff，2012）。然而，在"政治—行政""政治—经济"张力背景下，政策制定者和政策执行者面临多元目标选择冲突困境，形成"上有政策、下有对策"的选择性执行（董玄等，2016）。政策性担保机构在"国有资产保值增值、高交易成本、信用体系缺失与多层委托代理关系"等条件的约束下，涉农金融机构在"利润目标与支农任务"的权衡下，往往采取"弱筛选、广覆盖、弱监督、弱激励"的开办原则，致使政策性担保机制的信贷资本处于低效率的生产状态（Besley，1994），原本期待通过政策性担保机制增加信贷供给，促进农业经营主体持续增收的良好愿望也随之落空。

那么，在政策性担保机制"支农"契约履行阶段，政策性担保机制对农业经营主体增收的影响是促进还是抑制？是否存在一个政策性担保机制的债务平衡点①，可以实现农业经营主体增收最大化？若存在，不同属性特征的农业经营主体的债务平衡点是否又表现出差异性特征，其变化规律如何？科学研判政策性担保机制对农业经营主体收入增长的影响机理，探寻不同属性特征农业经营主体债务平衡点的差异性以及变化规律，把握其中的平衡原理，有助于政策性担保机构与支农金融机构设计符合农业经营主体特征的政策性担保信贷服务机制和产品，使政策性担保贷款处于帕累托最优的生产状态。

基于此，本章利用已经获得政策性担保贷款的 370 个农业经营主体微观数据，实证检验了政策性担保机制对农业经营主体增收效应的影响机制，同时从农业经营主体异质性社会资本以及不同反担保措施的视角切入，考察不同属性特征农业经营主体政策性担保机制债务平衡点的差异性，并剖析其中的异质性原理，以使政策性担保机制增收效应的评估结论更加丰富、具体，政策建议更加具有针对性。

---

① 政策性担保机制授信平衡点是针对政策性担保机构而言，对于农户来说即为政策性担保贷款融资规模的平衡点。

7.2　理论分析与研究假设

7.2.1　政策性担保机制对农业经营主体增收的倒"U"型影响

7.2.1.1　模型构建

政策性担保机制通过实现农业经营主体资金融通，弥补生产资金不足、扩大经营规模、增强风险抵抗能力等路径发挥促进农业经营主体增收的正面效应。然而，随着政策性担保贷款规模的不断扩大，政策性担保机制的消极作用也随之凸显，具体表现为政策性担保贷款使用效率降低、支农贷款投向偏移、信贷成本增加以及道德风险加剧等。

鉴于此，本章根据 Obstfeld 和 Rogoff（1996）的研究，设定获得政策性担保贷款农业经营主体的效用函数为：

$$U_t = E_t \sum_{t=1}^{\infty} \beta^t u(C_t, \psi S(D_t)) \qquad t = 1, 2, \cdots, \infty \qquad (7-1)$$

其中，β 表示主观折现因子，E_t 表示条件期望，C_t 表示农业经营主体的消费，D_t 表示政策性担保贷款的规模，$S(D_t)$ 表示政策性担保机制的消极作用。$S'(D_t) = \prod > 0$，表明政策性担保贷款增长越多，政策性担保机制消极作用的程度越大。ψ 表示农业经营主体赋予政策性担保机制消极作用对自身影响的权重。

假设农业经营主体每个时期生产经营的产出 Y_t 用于消费 C_t、农业生产投资 I_t 和偿还当期政策性担保贷款 D_t，以公式表示为 $C_t + I_t + D_t = Y_t$。设定农业经营主体生产函数为 $Y_t = A_t \cdot F(K_t)$，其中，A_t 是随机生产力，满足 $E_t(A_t) = 1$，$A_t \in [\underline{A}, \overline{A}]$，$A_t$ 的概率密度函数为 $\pi(A_t)$，假定资本要素完全折旧 $K_{t+1} = I_t$。农业经营主体面临的预算约束为：

$$C_t + K_{t+1} + \min\{\eta A_t F(K_T), D_t\} \leqslant A_t \cdot F(K_t) \qquad (7-2)$$

式（7-2）表示农业经营主体的消费、农业生产投资与政策性担保贷款之和不超过总产出。假设农业经营主体违约，会付出 $\eta(0 \leqslant \eta \leqslant 1)$ 倍的产出，即 $\eta A_t F$

（K_t）（包括丧失再贷款机会，社会制裁导致的声誉损失等）。因此，如果农业经营主体违约成本高于违约收益，违约可能性较小；如果违约收益高于违约成本，违约可能性较大。农业经营主体通过权衡违约还是履约带来的利弊得失，以最大化收益。

所以，农业经营主体效用最大化问题可表示为：

$$\max_{(K_{t+1})} U_t(K_{t+1}) = E_t \sum_{t=1}^{\infty} \beta^t (A_t F(K_t) - K_{t+1} - \min\{\eta A_t F(K_t), D_t\} - \psi S(D_t)) \quad (7-3)$$

7.2.1.2 模型求解

为了建立政策性担保贷款规模与农业经营主体增收效应之间的联系，求解该模型可以分为两步：第一步，求解农业经营主体政策性担保贷款规模与农业生产投资之间的关系式；第二步，将第一步的解代入农业经营主体效用函数，得到农业经营主体增收效应的函数，进而得出政策性担保贷款规模与农业经营主体增收效应之间的关系式。

第一步，由于 A_t 是连续的随机变量，利用数学期望定义式，设定 $V(D_t, K_t) = E_t \min\{\eta A_t F(K_t), D_t\}$，并且有：

$$V(D_t, K_t) = \eta F(K_t) \int_{\underline{A}}^{\frac{D_t}{\eta F(K_t)}} A_t \pi(A_t) dA_t + D_t \int_{\frac{D_t}{\eta F(K_t)}}^{\overline{A}} \pi(A_t) dA_t \quad (7-4)$$

其中，$V(D_t, K_t)$ 表示金融机构在每个时期获得的实际偿付额。式（7-4）右边第一项表示农业经营主体政策性担保贷款的违约成本，它是违约惩罚程度与发生违约概率的乘积；第二项表示政策性担保贷款偿还额度，它是政策性担保贷款规模与不发生违约概率的乘积。求关于 K_{t+1} 的一阶导数：

$$\frac{\partial U_t}{\partial K_{t+1}} = \beta F'(K_{t+1}) - \beta \eta F'(K_{t+1}) \int_{\underline{A}}^{\frac{D_{t+1}}{\eta F(K_{t+1})}} A_{t+1} \pi(A_{t+1}) dA_{t+1} - 1 \quad (7-5)$$

求关于 K_{t+1} 的二阶导数：

$$\frac{\partial^2 U_t}{\partial^2 K_{t+1}} = \beta F''(K_{t+1}) - \beta \eta F''(K_{t+1}) \int_{\underline{A}}^{\frac{D_{t+1}}{\eta F(K_{t+1})}} A_{t+1} \pi(A_{t+1}) dA_{t+1} +$$

$$\beta\eta(F'(K_{t+1}))^2\ \pi\left(\frac{D_{t+1}}{\eta F(K_{t+1})}\right)\left(\frac{D_{t+1}^2}{\eta^2 F^3(K_{t+1})}\right) \tag{7-6}$$

其中，式（7-6）是最优政策性担保贷款规模解存在的必要条件。

第二步，将 $K_{t+1}=K(D_{t+1})$ 代入农业经营主体的效用函数 $U(K_{t+1})$，可以得到农业经营主体增收效应函数。

$$\Phi(K(D_{t+1})) = E_t\sum_{t=0}^{\infty}\beta^t\left[A_t F(K(D_t)) - K(D_{t+1}) - V(K(D_t),\ D_t) - \psi S(D_t)\right] \tag{7-7}$$

对式（7-7）求 D_{t+1} 的一阶导数，整理后得到，

$$\frac{\partial\Phi(K(D_{t+1}))}{\partial D_{t+1}} = \beta F'(K(D_{t+1}))K'(D_{t+1}) - K'(D_{t+1}) - \beta\eta F'(K(D_{t+1}))$$

$$K'(D_{t+1})\int_{\underline{A}}^{\frac{D_{t+1}}{\eta F(K(D_{t+1}))}} A_{t+1}\pi(A_{t+1})dA_{t+1} - \beta\int_{\frac{D_{t+1}}{\eta F(K(D_{t+1}))}}^{\overline{A}}\pi(A_{t+1})dA_{t+1} - \psi\prod \tag{7-8}$$

将式（7-5）代入式（7-8）可得出政策性担保贷款规模与农业经营主体增收效应之间的关系式：

$$\frac{\partial\Phi(K(D_{t+1}))}{\partial D_{t+1}} = \underbrace{K'(D)_{t+1}\frac{\partial U_{t+1}}{\partial K_{t+1}} - \beta\int_{\frac{D_{t+1}}{\eta F(K(D_{t+1}))}}^{\overline{A}}\pi(A_{t+1})dA_{t+1}}_{\text{净收益效应}} - \underbrace{\psi\prod}_{\text{消极效应}} \tag{7-9}$$

假设农业经营主体为风险中性，因而 $\dfrac{\partial U_{t+1}}{\partial K_{t+1}} > 0$。根据式（7-9），政策性担保机制对农业经营主体增收效应的影响依赖于政策性担保贷款规模对农业生产经营投资的影响 $K'(D_{t+1})$、农业经营主体发生债务违约的概率 $\displaystyle\int_{\frac{D_{t+1}}{\eta F(K(D_{t+1}))}}^{\overline{A}}\pi(A_{t+1})d$ A_{t+1}、农业经营主体赋予政策性担保贷款增长对自身影响的权重与政策性担保机制消极作用的乘积 $\psi\prod$。

7.2.1.3 政策性担保机制对农业经营主体增收效应的影响机理

由式（7-9）等号右边第一项可知，净收益效应大小取决于农业经营主体生

产投资规模是否适度，即政策性担保贷款规模对农业经营主体生产经营投资的影响 $K'(D_{t+1})$。政策性担保贷款作为一种生产要素，当其能够与其他生产要素（劳动、土地、企业家才能等）合理匹配时，农业经营主体的生产投资处于规模报酬递增阶段，政策性担保机制对农业经营主体生产经营投资具有带动作用，政策性担保贷款规模增加会促进农业经营主体增收；当政策性担保贷款不能与其他生产要素合理匹配时，农业经营主体的生产投资将处于规模报酬递减阶段，此时，政策性担保机制对农业经营主体生产经营投资具有抑制作用，政策性担保贷款规模增加不利于农业经营主体增收。

由式（7-9）等号右边第二项可知，净收益效应大小还取决于农业经营主体发生信贷违约的概率。农业经营主体发生信贷违约的概率取决于以下几个方面：第一，少数民族地区收入来源单一且不确定性大。少数民族地区农业基础薄弱，生产方式粗放，劳动生产率低，多数地区常年广种薄收，畜牧业生产周期长、投入成本高，自然灾害增加、天然草原放牧减少，使农业经营主体生产经营性收入处于不稳定状态。第二，政策性担保贷款政策中缺少抵押或担保等履约机制、农业经营主体金融素养较低以及声誉等非正规约束机制不足，使农业经营主体违约成本较低。第三，国家的扶持性信贷政策，使部分农业经营主体对政策性担保机制产生了补贴性认知。同时，农业经营主体欠债不还、政府兜底的救济性预期较为普遍。当政策性担保贷款规模不断增加时，农业经营主体的违约收益大于违约成本，违约概率上升，不利于农业经营主体增收。

由式（7-9）等式右边第三项可知，政策性担保融资的消极作用将增加农业经营主体偿债压力，影响到其生产经营质量以及身体健康状态，农业经营主体不得不为过度负债导致的后果支付额外成本，"消极效应"反映的是农业经营主体为自身过度负债需要承担的后果，即政策性担保机制消极作用与其对农业经营主体影响权重的乘积 $\psi\Pi$。

综合以上两种效应，政策性担保贷款作为一种生产要素投入，当其能够与其他生产要素（土地、技术、企业家精神等）合理匹配时，农业经营主体的生产投资处于规模报酬递增阶段，此时违约成本较高，政策性担保机制消极作用并不明显，净收益效应大于消极效应。在此阶段政策性担保贷款规模增加对农业生产投资具有带动作用并且违约可能性较小，政策性担保贷款规模的增加可以促进农业经营主体增收，即 $\dfrac{\partial\Phi\left[\,K\left(D_{t+1}\right)\,\right]}{\partial D_{t+1}}\geqslant0$ 。

随着农业经营主体政策性担保贷款规模进一步扩大，政策性担保贷款不能与其他生产要素合理匹配，农业经营主体生产投资陷入规模报酬递减阶段。同时，缺少抵押或担保等履约机制、农业经营主体金融素养匮乏以及声誉等非正规约束机制不足等因素，导致农业经营主体违约成本较低，政策性担保机制的净收益效应发挥作用有限。除此之外，政策性担保贷款规模的持续增加，使得消极作用进一步扩大，农业经营主体的债务成本、还贷压力进一步增大，经营失败以及对政府救助性预期的概率进一步提高，政策性担保信贷资本的生产效率进一步降低，政策性担保机制对农业经营主体增收效应的消极效应发挥主导作用。在此阶段，政策性担保贷款规模增加对农业生产投资具有抑制作用并且农业经营主体发生违约的可能性增大时，政策性担保贷款规模增加会抑制农业经营主体增收，原因是消极效应以及生产投资效率下降导致的负"净收益效应"，即 $\dfrac{\partial\Phi\left[\,K\left(D_{t+1}\right)\,\right]}{\partial D_{t+1}}<0$ 。

因此，提出待检验假说如下：

H8：政策性担保机制对农业经营主体增收的影响呈倒"U"型曲线，即存在一个政策性担保债务平衡点，可以实现农业经营主体增收效应最大化。

7.2.2　基于差序格局的异质性社会资本对债务平衡点的作用机理

中国乡土社会的差序格局结构（费孝通，1985），使农业经营主体的社会资本存在异质性特征，承接第 5 章对农业经营主体正式、非正式社会资本的分类，本章基于两者在不同社会网络中互动群体、结果导向以及行为动机的差异性，剖析异质性社会资本对债务平衡点产生的不同影响，作用机理如图 7-1 所示。

7.2.2.1　非正式社会资本通过同质性互动、声誉机制等对债务平衡点施加影响

首先，非正式社会资本是基于血缘、亲缘、地缘等，在特征相似的农业经营主体之间形成的排他、闭合、非正式情感的互惠网络。在互惠网络中，农业经营主体彼此之间通过提供工具性支持、精神支持或者有效信息等同质性互动增加政

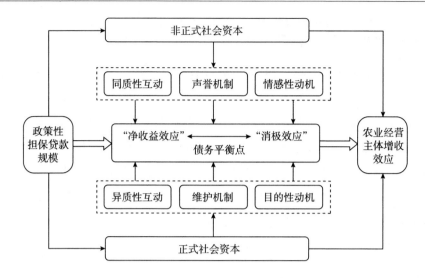

图7-1 异质性社会资本对债务平衡点的作用机理

策性担保信贷资本的生产效率，提高净收益效应。其次，基于熟人信任，非正式社会资本更容易促使声誉产生，声誉通过路径依赖、资本效应以及社会制裁可以增加农业经营主体违约成本，减小债务增加时的违约概率，提高净收益效应。最后，基于信任和义务的强关系情感性动机，在接近代价更高和更难获得的影响时更有优势，由于具备共享的情感以及拥有相似的资源，农业经营主体之间更容易互相吸引、提供帮助并交换、获取不同种类的资源，因此，非正式社会资本的积累会使农业经营主体面对政策性担保贷款增加产生的消极影响时更有"底气"，可以挤出部分消极效应。上述非正式社会资本对政策性担保机制债务平衡点作用的三种途径，既有自身特殊的单独路径，也有相互交叉的复合路径，因此，提出待检验假说如下：

H8a：相较于非正式社会资本较少的农业经营主体，非正式社会资本较多的农业经营主体政策性担保机制债务平衡点偏高。

7.2.2.2 正式社会资本通过异质性互动、维护机制等对债务平衡点施加影响

首先，正式社会资本是以地位寻求为目标，通过在不同特征农业经营主体之间进行资源交换、借用、摄取等异质性互动形成的后天利益关系。在互利网络

中，农业经营主体需要意识到不同参与者资源交换意愿以及控制资源的异质性，还要保证给资源提供者分配更多的利益，这使得农业经营主体更多关注于付出成本是否能够得到回报，而忽略利用政策性担保贷款促进农业生产质量的提升，降低了"净收益效应"。其次，正式社会资本的"维护机制"需要额外投资，否则其紧密性和稳定性将显著下降，获取某些利益的难度增加，而这种投资属于沉没成本，当政策性担保贷款规模不断扩大时，会增加违约概率，进一步降低"净收益效应"。最后，为了达成目的性动机，通过正式社会资本寻找、获得资源需要农业经营主体付出更多的努力，而正式社会资本在贫困地区往往存量不足、质量不高，能否发挥效用尚需考察（张文宏，2003），在努力得不到回报的情况下，使得政策性担保信贷资本的"消极效应"更容易凸显。因此，提出待检验假说如下：

H8b：相较于正式社会资本较少的农业经营主体，正式社会资本较多农业经营主体的政策性担保机制债务平衡点偏低。

7.2.3 基于匹配效应的不同反担保措施对债务平衡点的作用机理

第5章从契约本质的角度解释了政策性担保机制更能够解决具有反担保品特征农业经营主体融资难问题，验证了政策性担保机构反担保品优先的担保理念。第6章从不同反担保措施贷前、贷后作用机制的角度，解释了政策性担保机制更能够解决具有反担保人特征农业经营主体融资贵问题。本部分将从区域特征以及匹配机制的角度进一步研究不同反担保措施对政策性担保机制债务平衡点的作用机理，解释针对不同反担保特征的农业经营主体提供多大额度的担保可以实现其增收效应最大化。

7.2.3.1 基于区域特征的不同反担保措施表现

通过第5章、第6章对不同反担保措施契约本质、贷前信号传递机制、贷后履约激励机制的探讨，总结反担保品特征与反担保人特征的本质差异，如表7-1所示。

表7-1 不同反担保措施的本质差异

反担保措施	反担保品	反担保人
契约达成条件	优先受偿权	承担连带还款责任

反担保措施	反担保品	反担保人
契约本质	内部反担保 （拍卖反担保品收回资金为限）	外部反担保 （对反担保人的全部资产追偿）
信号类别	反担保品价值	反担保人担保意愿
履约激励	处置反担保品	维系与反担保人关系、反担保人监督
发挥作用前提	①反担保品足额、保值； ②易于处置； ③对农业经营主体的价值远高于政策性担保机构	①反担保人与农业经营主体之间信息对称； ②反担保人的信息甄别与监督成本低于政策性担保机构； ③反担保人与政策性担保机构的利益诉求一致

资料来源：笔者整理。

样本地区属于少数民族地区，由于生产经营方式的不同，农业经营主体拥有的资产表现形式不同，经营种植业的农户资产形式主要是玉米、水稻、甜菜等农产品，经营畜牧业的牧户资产形式主要是牛、马、羊等牲畜。由于农户生产的农产品价值易受到市场、气候、难贮藏等多种因素的影响，具有价值低、不保值的特点；而牲畜作为牧户财富的象征，足额、保值、可繁育且易处置，对牧户的价值远高于政策性担保机构，因此更具有反担保品特征，政策性担保机构更愿意为其提供更高额度的担保。

7.2.3.2　匹配效应对不同反担保措施债务平衡点的影响机制

当政策性担保贷款供给与农业经营主体的实际需求合理匹配时，才能够实现农业经营主体的增收效应。然而样本地区具有反担保品特征的牧户在以下几个方面的不匹配，使得过高额度的政策性担保贷款供给并未实现农业经营主体的增收效应。

第一，成本收益不匹配。相对于农业生产，畜牧业生产周期更长[1]、投入成本高，且自然灾害的增加、天然草原放牧的减少、舍饲圈养时间的延长等都增加了畜牧业的生产成本。同时，由于产业化程度较低、销售渠道单一，使得牲畜的销售价格较低，牧户生产成本相对于农户较高。第二，信贷周期与生产经营周期不匹配。政策性担保贷款以短期经营性贷款为主，有些金融机构要求按月或按季

---

[1]　小型牲畜（羊）的完整生产周期（购入基础母羊到所产羔羊出栏）至少需要 2~3 年，而大型牲畜（牛、马等）的饲养周期更长。

度结息，一年内偿还本金，这种信贷政策导致牧户的还款周期与变现周期不匹配，迫使牧户在农畜产品收购价格较低时①进行销售，或者通过"倒贷""借新还旧"等过桥方式偿还贷款②，牧户借贷成本相对于农户较高。第三，生产经营能力与贷款规模不匹配。牧户投资理财观念淡薄，容易盲目借贷和跟风投资。自2016年《推进普惠金融发展规划（2016—2020年）》发布以来，"金融支农"政策使得牧户贷款门槛降低、手续简便，牧户产生"钱好借"心理，但是由于受教育水平较低，牧户不能合理规划政策性担保贷款投向，投资失败风险增加。另外，牧户信贷需求消费倾向较高，借贷消费、超前消费、攀比消费在牧区较为普遍，在收入不稳定的前提下，举债消费将导致过高的违约风险。第四，政策导向与农业经营主体认知不匹配。国家的奖补资金和扶持性政策使部分牧户产生了补贴性信贷心理，"欠债不还、政府兜底"的救济性预期较为普遍。因此，由于少数民族地区农户、牧户在生产经营、投资观念以及生活习性等方面存在差异性，相对于农户，牧户的"净收益效应"作用区间较小，"消极效应"作用区间较大，应限制对牧户的政策性担保贷款供给，因此，提出待检验假说如下：

H8c：相较于具有反担保品特征农业经营主体，具有反担保人特征农业经营主体的债务平衡点偏高。

7.3 实证设计

7.3.1 数据来源

本章使用数据是样本地区获得政策性担保贷款的370户农牧户，具体抽样方法以及样本分布情况详见第3章。

---

① 农畜产品收购商在农牧户面临还贷压力时，一般会压低收购价。
② 过桥资金是指借款企业或个人在自有资金不足的情况下，通过民间融资机构（典当企业、融资性担保公司、小额贷款公司、投资咨询类公司等）筹措资金，归还银行到期贷款，待重新取得银行贷款后再偿还这笔资金的一种融资形式。

7.3.2 模型设定、变量选择与回归策略

7.3.2.1 模型设定

为了验证假设,构建以下模型:

$$
\begin{aligned}
\text{Revgrowth} = {} & \beta_1 \text{Debt1Rev} + \beta_2 \text{Debt1Rev}^2 + \alpha_1 \text{Age} + \alpha_2 \text{Sex} + \alpha_3 \text{Pop} + \alpha_4 \text{Edu} + \\
& \alpha_5 \text{Perland} + \alpha_6 \text{Lnproassets} + \alpha_7 \text{Adjust} + \alpha_8 \text{Num} + \alpha_9 \text{Lnagrexp} + \\
& \alpha_{10} \text{Lnconsum} + \alpha_{11} \text{Lninterest} + \alpha_{12} \text{Nation} + \varepsilon_1
\end{aligned}
\tag{7-10}
$$

式(7-10)中,β_1、β_2、α_1、α_2、$\cdots$、α_{12} 分别表示待估参数,ε_1 表示随机扰动项,且服从正态分布,系数 β_1、β_2 用来衡量政策性担保贷款对农业经营主体收入增长的影响。

7.3.2.2 变量选择

被解释变量:总收入增长率(Revgrowth)。根据农业经营主体收入来源结构的不同以及增量指标的测度要求,本章采用包含生产经营性收入(农业收入、畜牧业收入)、工资性收入、转移性收入和财产性收入的总收入增长率作为被解释变量(姜长云,2008),即以农业经营主体 2018 年总收入为基数,计算 2019 年总收入相比于 2018 年的增长率。由于"担保支农"的政策目标旨在重点增加农业经营主体生产经营性收入,因此本章的稳健性检验采用农业经营主体生产经营性收入的增长率(Revgrowth1)作为替代指标,即以农业经营主体 2018 年生产经营性收入为基数,计算 2019 年生产经营性收入相比于 2018 年的增长率。

核心解释变量:2019 年政策性担保贷款金额与 2019 年总收入的比值(Debt1 Rev)及其平方项(Debt1 Rev^2)。国家"金融支农""担保支农"的政策导向、多家金融机构对农牧区金融市场的抢占,使得农牧区的信贷环境较为宽松,一个农业经营主体具有多笔贷款的现象较为普遍。正规信贷总额也可能会对农业经营主体增收产生影响。因此在稳健性检验时,使用 2019 年正规信贷合计金额与2019 年总收入的比值(Debt2 Rev)及其平方项(Debt2 Rev^2)作为替代变量。

分组解释变量:非正式社会资本(informal)、正式社会资本(formal)、反担保措施(cguarantee),定义见 5.3.3。

控制变量:根据已有研究可知,个体特征、资源禀赋、支出情况等因素会对农业经营主体增收产生重要影响(黄祖辉等,2007)。鉴于此,本章从以下几个

方面选取控制变量：在个体特征方面，选取户主年龄（age）、性别（sex）、家庭人口数（pop）、受教育程度（edu）以及民族（nation）。在资源禀赋方面，引入与农牧业生产特征有关的经营面积（perland）、生产性固定资产总额（lnproasset）、是否进行产业调整（adjust）以及贷款笔数（num）。在支出方面，引入农业支出（lnagrexp）、消费支出（lnconsume）以及利息支出（lninterest），同时控制地区差异。

工具变量：由于被解释变量和核心解释变量之间可能存在反向因果关系，这会导致模型的估计结果有偏。因此，选取农业经营主体与最近金融机构的距离（bankdistance）作为工具变量，解决内生性问题。首先，工具变量外生，不直接对农业经营主体增收产生影响。其次，工具变量与农业经营主体获得的政策性担保贷款规模之间存在紧密的关系。农业经营主体与金融机构的距离越远，政策性担保贷款金额可能越小。因为农业经营主体需要花费更多的时间、交通和信息等成本，才能获得政策性担保机构以及金融机构的相关信息与服务。

7.3.2.3　回归策略

本章通过以下步骤验证假说。第一，对设定的包含政策性担保贷款金额的一次项与平方项的模型（7-10）进行 OLS 回归。同时，为了验证模型设计的科学性，对仅包含政策性担保贷款规模一次项的模型进行 OLS 回归，作为参照系对比检验。第二，考虑到政策性担保贷款规模与农牧户增收之间存在的反向因果关系，引入工具变量进行两阶段最小二乘法（2SLS），以及对弱工具变量更不敏感的、小样本性质优于 2SLS 的有限信息最大似然估计法（LIML）进行检验。第三，为进一步鉴别差序格局引致的异质性社会资本对债务平衡点的影响，按照非正式、正式社会资本存量分别对样本进行分组估计，并在此基础上，估算各组的债务平衡点进行比较分析。第四，为了检验不同反担保措施对债务平衡点的影响，将样本区分为具有反担保品特征和具有反担保人特征的农业经营主体，估算各组的债务平衡点，并进行比较分析。第五，进行稳健性检验，旨在排除异质性社会资本边界模糊以及变量形式特殊等对估计结果产生影响的可能。

7.3.3　描述性统计分析

本章研究主要变量的描述性统计如表 7-2 所示。

表7-2 主要变量的描述性统计

变量	取值说明	均值	标准差	最小值	最大值
被解释变量					
Revgrowth	（2019年总收入−2018年总收入）/2018年总收入	0.183	0.292	−0.321	1.669
Revgrowth1	（2019年农牧业收入−2018年农牧业收入）/2018年农牧业收入	0.197	0.318	−0.350	2.035
解释变量					
Debt1 Rev	2019年政策性担保贷款金额/2019年总收入	0.725	0.516	0.046	4.444
Debt1 Rev^2	（2019年政策性担保贷款金额/2019年总收入）^{2}	0.791	1.455	0.002	19.753
Debt2 Rev	2019年正规信贷合计金额/2019年总收入	0.958	0.666	0.073	4.493
Debt2 Rev^2	（2018年正规信贷合计金额/2018年总收入）^{2}	1.360	2.256	0.005	20.185
分组变量					
formal	是否自己或亲朋好友在政府部门有过任职经历（是=1；否=0）	0.408	0.492	0.000	1.000
informal	以2019年礼金支出平均值为界限（大于均值=1，小于均值=0）	0.468	0.500	0.000	1.000
cguarantee	以2019年固定资产现值取对数后的平均值为界限（大于均值，具有反担保品特征=1；小于均值，反担保人特征=0）	0.451	0.498	0.000	1.000
工具变量					
bankdistance	农牧户居住地与最近金融机构的距离（千米）	32.609	30.255	2.000	130.000
控制变量					
age	户主年龄（岁）	43.622	7.820	23.000	63.000
sex	户主性别（男=1；女=0）	0.814	0.390	0.000	1.000
pop	家庭常住人口数量（人）	4.216	1.289	2.000	8.000
edu	户主受教育年限（年）	8.938	2.401	5.000	16.000
nation	民族（汉族=1；蒙古族=0）	0.203	0.403	0.000	1.000
perland	家庭经营的耕地与草场面积之和（亩）	442.145	810.634	0.000	5300.000
lnproasset	家庭生产用固定资产现值取对数（元）	11.043	1.425	8.216	15.096
adjust	2018年是否进行规模、品种、技术等调整（是=1；否=0）	0.189	0.392	0.000	1.000

续表

变量	取值说明	均值	标准差	最小值	最大值
num	2019 年末正规信贷笔数（笔）	1.832	0.624	1.000	4.000
lnagrexp	2019 年农业支出总额取对数（元）	11.285	1.200	9.210	15.621
lnconsume	2019 年消费支出总额取对数（元）	10.396	0.612	8.882	11.633
lninterest	2019 年利息支出总额取对数（元）	1.937	1.365	0.230	10.000

由表 7-2 可知，被解释变量总收入增长率（Revgrowth）的均值为 0.183，标准差为 0.292，说明在样本地区农业经营主体总收入增长率的差异较小，且增收幅度不大，这与学者们讨论的"农户增收遇到新瓶颈"的现实情况相符。农牧业收入增长率（Revgrowth1）均值大于总收入增长率，说明农牧业收入在总收入中占主导地位，证实了本章稳健性检验的合理性。核心解释变量正规信贷合计金额与总收入之比（Debt2 Rev）的均值 0.958 大于政策性担保贷款金额与总收入之比（Debt1 Rev）的均值 0.725，说明农业经营主体除了有政策性担保机构提供的贷款，还有普通的银行贷款，即农业经营主体不止向一家金融机构贷款，可能存在过度负债、倒贷和借新还旧的可能性。在个体特征方面，农业经营主体大多为四口之家，户主为男性，蒙古族，平均年龄为 44 岁，平均受教育年限为 9 年，说明农牧区存在重男轻女现象，户主为中年且文化水平较低，接纳新事物的能力有限。在资源禀赋方面，家庭经营的耕地与草场面积之和为 442.145 亩，说明样本类型较为丰富既包含农户又包含牧户。家庭生产用固定资产标准差为 1.425，说明农业经营主体可能存在多种生产经营方式。是否具有产业调整均值为 0.189，说明大部分农业经营主体还停留在传统、小农的生产方式上，没有做出产业调整的意愿。在支出方面，2019 年末利息支出、农业支出、消费支出总额取对数的均值分别为 1.937、11.285、10.396，说明获得政策性担保贷款的农业经营主体融资成本较低，但是消费支出接近于生产经营支出，一方面说明农业经营主体生活成本较高，另一方面说明其可能存在借贷消费、超前消费、攀比消费的情况。

7.4 实证结果与分析

7.4.1 基准模型回归倒"U"型曲线检验结果

表 7-3 报告了基准回归模型的参数估计结果，同时报告了工具变量的估计结果。在仅加入政策性担保贷款规模一次项进行回归时，政策性担保贷款规模对农业经营主体增收的影响系数为正，且不显著。这显然与实际情况不符，说明模型设定时仅将政策性担保贷款规模一次项作为解释变量，并不能反映真正的因果关系。当加入政策性担保贷款规模平方项进行稳健标准误的 OLS 回归时，模型整体拟合优度 R^2、检验模型显著性水平的 F 统计量都有所提升，F 检验在 1% 的水平上显著，说明模型构建比较理想。

表 7-3 基准模型回归结果

变量	OLS				IV			
	（1）未包含 Debt1 Rev^2		（2）包含 Debt1 Rev^2		（1）2SLS		（2）LIML	
	系数	标准误	系数	标准误	系数	标准误	系数	标准误
Debt1 Rev	0.006	0.042	0.214**	0.087	1.937***	0.728	1.937***	0.728
Debt1 Rev^2	—	—	−0.073***	0.023	−0.730***	0.271	−0.730***	0.271
age	−0.001	0.002	−0.001	0.002	−0.002	0.002	−0.002	0.002
sex	0.048*	0.028	0.059**	0.029	0.145**	0.064	0.145**	0.064
pop	0.006	0.012	0.008	0.012	0.029	0.022	0.029	0.022
edu	−0.002	0.007	−0.002	0.007	−0.004	0.011	−0.004	0.011
nation	0.093	0.059	0.085	0.058	0.013	0.087	0.013	0.087
perland	−1.07e−06	1.66e−05	−1.09e−07	1.70e−05	3.23e−06	2.62e−05	3.23e−06	2.62e−05
lnproasset	−0.009	0.014	−0.006	0.013	0.020	0.02	0.020	0.02

续表

变量	OLS				IV			
	(1) 未包含 Debt1 Rev^2		(2) 包含 Debt1 Rev^2		(1) 2SLS		(2) LIML	
	系数	标准误	系数	标准误	系数	标准误	系数	标准误
adjust	0.115**	0.049	0.108**	0.05	0.039	0.063	0.039	0.063
num	−0.079***	0.027	−0.078***	0.026	−0.070*	0.042	−0.070*	0.042
lnagrexp	0.057*	0.03	0.075**	0.03	0.194**	0.088	0.194**	0.088
lnconsume	0.018	0.026	0.025	0.026	0.101*	0.056	0.101*	0.056
lninterest	−0.007	0.016	−0.017	0.016	−0.085*	0.046	−0.085*	0.046
常数项	−0.593	0.44	−0.975**	0.453	−3.905**	1.632	−3.905**	1.632
R^2	0.083		0.105		—		—	
F 统计量	1.90**		2.60***		—		—	
内生性检验（DWH χ^2 Test）	—				11.998***			
样本量	370							

注：*、** 和 *** 分别表示在 10%、5% 和 1% 的水平上显著；模型中地理位置均已控制。下文同。

为了处理内生性问题，本章选取农业经营主体与最近金融机构的距离及其平方项作为工具变量，进行了 2SLS 检验。首先，Hausman 异方差稳健的 DWH 检验显示，χ^2 统计量在 1% 的水平上显著（见表 7-3），表明基准模型回归确实存在内生性问题。其次，从工具变量估计的第一阶段结果来看，上述工具变量对农业经营主体政策性担保贷款规模都有显著影响，两个工具变量系数联合显著性的 F 统计量分别为 11.494 和 10.305，均超过 10，证明不存在弱工具变量问题（见表 7-4）。最后，为了使结果更加稳健，避免样本数量有限的影响，本章采用 LIML 法进行估计，结果与 2SLS 相同，从侧面印证了不存在弱工具变量问题，且在有限信息时，结果依然稳健。

表 7-4　IV 估计第一阶段结果

变量	Debt1 Rev		Debt1 Rev^2	
	系数	标准误	系数	标准误
Distance	−0.008***	0.003	−0.030***	0.001
distance^2	0.00004*	0.00002	0.0002***	0.00006
常数项	3.843	0.588	5.847	1.575
F 统计量	16.85***		6.19***	
R^2	0.338		0.177	
工具变量联合显著性 F 检验	11.494***		10.305***	
样本量	370			

根据表 7-4 稳健标准误的 OLS 和 IV 估计结果可知，政策性担保贷款规模及其平方项对总收入增长率分别具有显著的正向、负向影响，说明政策性担保贷款规模对农业经营主体增收的影响呈现倒"U"型曲线，即存在一个债务平衡点，使政策性担保贷款促进农业经营主体增收的效应最大化，从而验证了假说 H8。债务平衡点约为政策性担保贷款规模一次项系数除以两倍平方项系数再取负数（毛捷和黄春元，2018），因此估算出本章农业经营主体政策性担保融资总体债务平衡点为 1.47。即对于样本地区农业经营主体，当农业经营主体政策性担保贷款规模约为当年总收入的 1.47 倍时，可以实现增收效应最大化。当农业经营主体政策性担保贷款规模与当年总收入的比值小于 1.47 时，随着政策性担保贷款的逐渐增加，农业经营主体的政策性担保信贷资本能够与其他生产要素合理匹配，净收益效应发挥主导作用，政策性担保信贷资本回报率递增，政策性担保贷款对农业经营主体增收的影响处于倒"U"型曲线的递增阶段；当农业经营主体政策性担保贷款与当年总收入的比值大于 1.47 时，随着政策性担保贷款规模的进一步扩大，农业经营主体借贷资金的使用方向、投资效率等难以保证，政策性担保信贷资本与其他生产要素不能合理匹配，消极效应发挥主导作用，政策性担保信贷资本回报率递减，政策性担保贷款对农业经营主体增收的影响处于倒"U"型曲线的递减阶段。

另外，估计结果还显示：第一，农业支出每增加 1%，农业经营主体总收入增长率增加 0.002 个单位，且在 5% 的水平上显著，说明农牧业生产投入的增长快于总收入增长率的增长，农业经营主体的收入增加幅度较低。第二，消费支出每增加 1%，农业经营主体总收入增长率增加 0.001 个单位，且在 10% 的水平上显著，说明消费支出的增长快于总收入增长率，农业经营主体可能存在借贷消费现象。农业经营主体很少有储蓄的习惯，更注重即期消费的满足感，当有大额消费支出时便会选择向金融机构借款，当需要偿还贷款时，就会出售牲畜①，这违背了"担保支农"政策的本意。第三，农业经营主体的利息支出每增加 1%，农业经营主体收入增长率减少 0.001 个单位，且在 10% 的水平上显著，说明农业经营主体对利息更为敏感，过高的利息支出不利于农业经营主体增收。第四，贷款笔数每增加 1 笔，农业经营主体总收入增长率减少 0.07 个单位，说明可能由于金融产品的设计与农业经营主体的生产经营周期不匹配、农业经营主体不能合理规划贷款用途等原因，导致更多的贷款并未实现农业经营主体的增收效应，更可能存在倒贷、贷款他用等现象。第五，农业经营主体的性别在 5% 的水平上显著为正，说明样本地区主要劳动力为男性，男性更能提高各种生产要素的配置效率，收入增长率也会随之提升，但也可能存在重男轻女的现象。

7.4.2　异质性社会资本对债务平衡点影响的检验结果

对非正式社会资本进行分组检验时，政策性担保贷款（Debt1 Rev）与平方项（Debt1 Rev^2）对总收入增长率分别具有显著的正向、负向影响，即在非正式社会资本的影响下，政策性担保贷款对农业经营主体增收的影响仍呈倒"U"型曲线，正式社会资本的结果也是如此。不同之处在于，非正式社会资本丰富组和匮乏组的债务平衡点分别为 1.63 和 1.23，丰富组的债务平衡点偏高；正式社会资本丰富组和匮乏组的债务平衡点分别为 1.64 和 1.14，丰富组的债务平衡点偏低（由表 7-5 计算得出）。这一结果说明：植根于样本地区"关系型社会网络"中的社会资本，在政策性担保贷款促进农业经营主体增收的影响中发挥了调节作用，由于不同类型社会资本的作用机理不同，其调节幅度也不同。

---

① 牛、马、羊等牲畜既是农牧户的生产资料、生活资料，又是最主要的财富形式。

表7-5　社会资本分组估计结果

变量	非正式社会资本（370）				正式社会资本（370）			
	丰富组（173）		匮乏组（197）		丰富组（151）		匮乏组（219）	
	系数	标准误	系数	标准误	系数	标准误	系数	标准误
Debt1 Rev	0.241**	0.119	0.332**	0.139	0.626***	0.218	0.207**	0.092
Debt1 Rev^2	-0.074***	0.027	-0.135**	0.058	-0.275***	0.079	-0.063***	0.021
常数项	-0.340	0.826	-1.503***	0.570	-0.904	0.633	-1.527**	0.663
R^2	0.158		0.146		0.192		0.206	

　　首先，相较于总体债务平衡点与非正式社会资本匮乏组的债务平衡点，非正式社会资本丰富组的债务平衡点偏高（1.63>1.47>1.23）。非正式社会资本丰富组的农业经营主体通过与同一社会网络圈层亲朋好友之间的相互帮忙，例如收割、接羊羔、买农资、盖房子等，提高了生产效率，政策性担保信贷资本能够与其他生产要素合理匹配。但其获得这些帮助的前提是自身具有良好信用与人品，如果声誉不好将损失所有收益，违约成本较高。所以，良好的声誉使得该类农业经营主体的净收益效应作用区间扩大。同时，当面临还贷压力时，这部分农业经营主体更容易获得熟人之间零成本借贷，消极效应作用区间缩小。因此，对于非正式社会资本丰富组的农业经营主体，在两种效应共同作用下，扩大了政策性担保信贷资本回报率递增区间，债务平衡点偏高，从而验证了假说H8a。

　　其次，相较于总体债务平衡点与正式社会资本匮乏组的债务平衡点，正式社会资本丰富组的债务平衡点偏低（1.14<1.47<1.64）。正式社会资本丰富组的农业经营主体通过与不归属于同一社会网络圈层、具有政策性担保信贷资源配置权的权力层之间工作交流、日常交往等活动，可以获取更多的信贷资源。但是由于缺乏合理规划，政策性担保信贷资本与其他生产要素不能有效匹配，存在过度投资、贷款投向偏移等风险。同时，农业经营主体为了巩固利益关系，需要承担日常宴请、年节备礼等维护成本，否则初始建立的利益关系可能会中断。权力层的"靠山"背景，也使这部分农业经营主体救助性预期较为严

重，违约概率增大，政策性担保信贷资本处于低效率的生产状态，净收益效应作用区间缩小。另外，借款成本与关系维护成本的双重叠加，使得消极效应作用区间扩大。因此，对于正式社会资本丰富组的农业经营主体，在两种效应共同作用下，增加了政策性担保信贷资本回报率递减区间，债务平衡点偏低，从而验证了假说 H8b。

7.4.3 不同反担保措施对债务平衡点影响的检验结果

在对不同反担保措施进行分组检验时，政策性担保贷款（Debt1 Rev）与平方项（Debt1 Rev^2）分别对总收入增长率具有显著的正向、负向影响，即在不同反担保措施影响下，政策性担保贷款对农业经营主体增收的影响仍呈倒 "U" 型曲线。相较于总体债务平衡点与反担保品特征的债务平衡点，反担保人特征的债务平衡点偏高（1.58>1.47>1.36），从而验证了假说 H8c（由表 7-6 计算得出）。这一结果说明：反担保品优先作为政策性担保机构一种传统的信贷理念，使得具有反担保品特征的农业经营主体更容易获得较大规模的政策性担保贷款。但是，在调研过程中发现，这部分农业经营主体往往在获得政策性担保贷款后缺乏合理的规划，政策性担保信贷资本与其他生产要素不能有效匹配，存在过度投资、贷款投向偏移等风险。同时对于政策性担保贷款的认知多偏向于 "不用偿还的政府救济"，违约概率增大，政策性担保信贷资本处于低效率的生产状态，净收益效应作用区间缩小。另外，由于借贷消费、生产周期与借贷周期不匹配等使得消极效应作用区间扩大。因此，增加了政策性担保信贷资本回报率递减区间，债务平衡点偏低。

表 7-6 不同反担保措施分组估计结果

变量	反担保措施（370）			
	反担保品特征（167）		反担保人特征（203）	
	系数	标准误	系数	标准误
Debt1 Rev	0.463**	0.189	0.187**	0.091
Debt1 Rev^2	−0.170***	0.057	−0.059***	0.019

续表

变量	反担保措施（370）			
	反担保品特征（167）		反担保人特征（203）	
	系数	标准误	系数	标准误
常数项	−0.829	0.757	−2.975***	0.863
R^2	0.165		0.228	

7.4.4　稳健性检验

7.4.4.1　社会资本相关性检验

社会资本目前缺乏清晰的界限和测量方法，非正式、正式社会资本之间可能存在较强的相关性。因此，本书对数据进行相关性分析。分析结果显示，相关性系数值为0.137，且在1%的水平上显著，两个变量之间相关性较弱。

7.4.4.2　变换被解释变量和核心解释变量

以农牧业收入增长率（Revgrowth1）代替总收入增长率（Revgrowth），以正规信贷合计金额与总收入的比值（Debt2 Rev）代替政策性担保贷款金额与总收入的比值（Debt1 Rev），分别进行整体回归、非正式社会资本分组回归、正式社会资本分组回归以及反担保措施分组回归，结果如表7-7所示。

由表7-7可知，更换解释变量、被解释变量后，虽然个别变量显著性水平有所下降，但是大部分结果的显著水平、系数方向保持不变，即无论替换被解释变量还是核心解释变量，或同时替换被解释变量和核心解释变量，政策性担保贷款规模及其平方项系数都分别对农业经营主体具有显著的正向、负向影响，因此，估计结果稳健。

表 7-7　稳健性回归

变量	整体估计 (370)		非正式社会资本 (370)				正式社会资本 (370)				反担保措施 (370)			
			丰富组 (173)		匮乏组 (199)		丰富组 (151)		匮乏组 (219)		反担保品特征 (167)		反担保人特征 (203)	
	系数	标准误	系数	标准误	系数	标准误	系数	标准误	系数	标准误	系数	标准误	系数	标准误
Revgrowth														
Debt2 Rev	0.187**	0.079	0.263**	0.117	0.153*	0.079	0.250**	0.120	0.194*	0.106	0.263**	0.126	0.181*	0.095
Debt2 Rev^2	-0.052***	0.016	-0.069***	0.023	-0.040**	0.018	-0.063***	0.021	-0.056**	0.025	-0.064***	0.024	-0.057***	0.022
R^2	0.102		0.157		0.139		0.150		0.204		0.147		0.228	
Revgrowth1														
Debt1 Rev	0.193**	0.077	0.179*	0.104	0.381**	0.159	0.515***	0.186	0.265**	0.116	0.330**	0.145	0.248**	0.108
Debt1 Rev^2	-0.073***	0.020	-0.062***	0.024	-0.156**	0.068	-0.259***	0.077	-0.079***	0.026	-0.144***	0.049	-0.074***	0.022
R^2	0.105		0.153		0.140		0.184		0.181		0.162		0.2106	
Revgrowth1														
Debt2 Rev	0.180**	0.075	0.218**	0.110	0.181**	0.088	0.189*	0.100	0.244*	0.135	0.195*	0.102	0.229**	0.112
Debt2 Rev^2	-0.059***	0.017	-0.069***	0.025	-0.049**	0.020	-0.066***	0.023	-0.069**	0.031	-0.063***	0.023	-0.069***	0.025
R^2	0.108		0.160		0.135		0.151		0.178		0.157		0.203	

7.5 本章小结

7.5.1 研究结论

本章对"担保支农"履约阶段政策性担保机制的增收效应进行了评价，探究了政策性担保贷款规模对农业经营主体增收的影响与作用机制，异质性社会资本以及不同反担保措施对债务平衡点的影响机理。研究结果表明：第一，政策性担保贷款规模对农业经营主体增收的影响呈倒"U"型曲线，即存在一个债务平衡点，使政策性担保机制促进农业经营主体增收的效应最大化。第二，相较于总体债务平衡点与非正式社会资本匮乏组的债务平衡点，非正式社会资本丰富组的债务平衡点偏高，表明非正式社会资本丰富组对政策性担保贷款规模增加具有更高的承受能力，更多的政策性担保贷款支持可以促进其增收。第三，相较于总体债务平衡点与正式社会资本匮乏组的债务平衡点，正式社会资本丰富组的债务平衡点偏低，表明正式社会资本丰富组对政策性担保贷款规模的承受能力较弱，应适度限制其政策性担保贷款需求规模。第四，相较于总体债务平衡点与反担保人特征的债务平衡点，反担保品特征的债务平衡点偏低，表明反担保品特征的农业经营主体对政策性担保贷款规模的承受能力较弱，应适度限制其政策性担保贷款需求规模。

7.5.2 进一步讨论

本章通过构建农业经营主体的效用函数，发现政策性担保机制的增收效应受到净收益效应与消极效应的共同影响。政策性担保机构为了完成"支农"任务，针对具有正式社会资本以及具有反担保品特征的农业经营主体提供过度的政策性担保贷款供给，这不仅不能实现其增收效应最大化，反而会导致其过度投资、过度负债。农村社会的差序格局特点以及不同层面的匹配度——成本与收益的匹配、信贷周期与生产经营周期的匹配、生产经营能力与贷款规模的匹配、政策导向与农业经营主体认知的匹配——是政策性担保机构提供合适担保额度需要考虑的重点。另外，样本地区农业经营主体的高生产成本、高消费、对利率的高敏感度，以及利用过桥资金还款等现象，在本章的研究中均予以证实，这可能也是导致履约阶段高违约的动因之一，本书将在第 8 章进行进一步检验。

第8章　履约阶段：政策性担保机制的
可持续效应检验

政策性担保机制的健康可持续发展依赖于"输血"系统——国家的持续性补贴和"造血"系统——政策性担保机构覆盖经营成本、违约成本的能力。虽然政策支持可以弥补政策性担保机制运行的高成本，但是市场风险却是国家财政不能够弥补的，如果出现大比例的违约，再大规模的财政补贴也难以满足需要。因此，必须依靠政策性担保机制的"造血"系统，不断创新业务产品、提升风险管理水平、着力培育优于银行系统的核心竞争力，才可能实现政策性担保机制的"支农"使命。由于政策性担保机构的收入、经营成本相对固定，违约风险的高低直接决定了政策性担保机制"造血"系统的优劣程度，较高的违约风险意味着政策性担保机制的不可持续，政策预期的经济激励功能没有达到。因此，承接第7章，本章通过剖析"担保支农"履约阶段不同属性特征农业经营主体的违约风险，评价政策性担保机制"支农"效应的可持续性。

8.1　引言

20世纪90年代，发展中国家信用担保计划的失败，使政策性担保机制受到了大量学界的批判，主要原因是政策性担保机制的国有产权属性、高运行成本以及依赖补贴的特殊性，使其忽略对借款人的归还能力、融资条件的考察，增加违约风险。中国当时的情境也不例外——北京、广州、郑州、江浙、四川等地担保公司的一系列跑路潮、倒闭潮等危机事件仍历历在目。因此，在国家大力整顿担保行业、重新赋予政策性担保机制支持普惠金融发展和促进资金融通的政治使命背景下，为了确保长远的最大溢出效应，有必要对新形势下政策性担保机制可持续性进行客观评价。

近年来，各地区、各部门认真贯彻落实《国务院关于促进融资担保行业加快发展的意见》《关于财政支持建立农业信贷担保体系的指导意见》等文件，积极推动政府性融资担保基金（机构）、全国农业信贷担保体系的不断发展壮大，探索了有益经验，取得了积极进展。然而，政策性担保机制在运行过程中却存在一定的风险隐患。政府的隐性担保削弱了市场约束（刘冲和周瑾芝，2015）、农业经营主体的补贴性信贷过度需求使政策性变成了福利性、金融机构的"理性缺位"加剧了逆向选择与道德风险（万良勇和魏明海，2009），政策性担保机构的经营风险和代偿风险攀升（许黎莉和陈东平，2017）。为何政策性担保机制会显示出履约阶段高违约的特征？违约的根源是什么？如何辨别不同属性特征农业经营主体的政策性担保信贷违约风险？以上问题的回答不仅是在理论上形成对已有宏观政策分析和中观组织层面研究的有益补充，在实践中，为政策性担保机制基于市场方式化解违约风险，实现可持续发展提供指导。

鉴于此，为精准考察"担保支农"履约阶段政策性担保机制的可持续性，本章基于结构洞理论以及监督租理论，利用 370 个获得政策性担保贷款农业经营主体的调查数据，采用 Probit、Logit 估计方法，分别从农业经营主体异质性社会资本、反担保措施视角切入，考察和比较不同属性特征农业经营主体违约风险的差异性表现，并剖析产生差异的作用原理以及违约动因，以评价政策性担保机制"支农"效应的可持续性。研究结果显示，与拥有非正式社会资本农业经营主体相比，拥有正式社会资本农业经营主体政策性担保信贷违约概率较高；与具有反担保品特征农业经营主体相比，具有反担保人特征农业经营主体政策性担保信贷违约概率较高。

8.2 政策性担保机制信贷违约根源剖析的理论框架

8.2.1 基于结构洞理论的异质性社会资本对信贷违约的作用机制

Burt（2000）提出了结构洞的概念，结构洞是指社会网络中的某个或某些个体发生直接联系，但与其他个体不发生直接联系、无直接或关系间断的现象，从网络整体来看好像是网络结构中出现了洞穴。结构洞理论被广泛应用于社会学研究，但尚未有学者将其运用于政策性担保机制信贷违约的分析中。

政策性担保机制属于国有产权，在其发挥作用的过程中，离不开政府的参与，第 5 章的研究结果表明，农业经营主体与政府的关系直接决定着其能够获取政策性担保资源的多少。同时，信息不对称性贯穿了政策性担保机制的整个流程，事前信息不对称导致的逆向选择以及事后信息不对称导致的道德风险，均是政策性担保机制违约率高的本质原因。因此，如何把握政府在政策性担保机制中的作用边界，政府过度干预是否会带来逆向选择与道德风险，一直是探讨绕不开的话题。本章尝试基于结构洞理论，通过剖析农业经营主体与当地政府的关系强度，解释异质性社会资本对政策性担保机制信贷违约影响的内在机理。

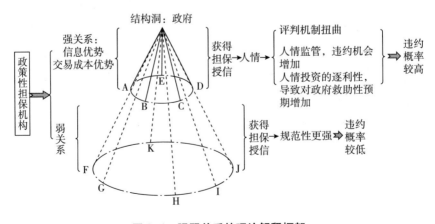

图 8-1 强弱关系的理论解释框架

8.2.1.1 逆向选择的根源剖析

首先，当地政府通过占据社会网络的结构洞获益（税收）。根据嵌入理论（Granovetter，1973），当地政府的经济活动嵌入在农村熟人社会的网络中，且占据了重要位置。Burt（2000）指出，占据结构洞的参与者由于可以对信息、收益两个方面实施控制，在社会网络中通过获取非重复信息，对不同资源进行重新配置，因此处于较高的权力位置。

其次，根据关系紧密程度划分，农业经营主体与当地政府的关系区分为强关系（见图 8-1 中 A、B、C、D、E 与政府的实线连接），以及弱关系（见图 8-1 中 F、G、H、I、J、K 与政府的虚线连接）。强关系的特点是行动者与占据结构洞的政府之间政治网络同质性较强，信息掌握程度较为趋同，社会网络中的人际关系较为紧密，不利于信息扩散，易于形成一个封闭排外的组织，表现为产业是被当地政府重点扶持的、具有当地特色的、接受补贴的、被评为试点、典型、先进的拥有正式社会资本的农业经营主体；弱关系的特点是行动者与占据结构洞的政府之间没有同质的政治网络，社会网络中的人际关系交往面广，有利于信息传递，表现为拥有非正式社会资本的农业经营主体。

最后，强关系、弱关系通过不同的路径获得政策性担保机构的授信。强关系的农业经营主体借助与政府之间关系的信息优势、交易成本优势获得担保授信。由于与当地政府的紧密接触，强关系的农业经营主体可以更早了解信贷信息，得到更多被推荐的机会，不论其是否有需要贷款都会积极申请，将眼前的机会转化为收益。由于当地政府的推荐，政策性担保机构会对这部分农业经营主体增加印象分，在尽职调查时降低了审查成本。但是，由于缺乏合理的农业生产经营规划，加之为了获得更多政策性担保贷款而产生的寻租行为，强关系的农业经营主体可能更偏好于风险投资，因此导致事前逆向选择的概率较大。弱关系的农业经营主体由于不具备两种优势，获得政策性担保机构的授信则更加依赖于自身禀赋符合政策性担保机构的要求，因此，逆向选择的风险较小。

8.2.1.2 道德风险的根源剖析

首先，评价机制扭曲。封闭的强关系结构，促使了农业经营主体和政府之间的"人情往来"，而政策性担保机构属于国有产权，与当地政府之间又存在错综复杂的联系。因此这种"人情"的评判由于缺乏统一标准而极易泛滥，加剧了政策性担保机构与农业经营主体之间的信息不对称程度，不满足筛选标准的农业经营主体得到政策性担保机构的担保，表现为担保行为不规范、法律手续不完备、借贷资金用途违规等问题，使担保行为处于盲目和无序状态。

其次，人情化监管使违约的机会增加。由于强关系大量的政治与经济活动嵌入在盘根错节的人情关系网络之中，这种紧密的私人关系产生的信任，降低了政策性担保机构的监管强度，使部分政策性担保授信贷款处于非监管状态，关系人情化导致管理方式人情化，增加了欺诈的风险以及违法乱纪的机会，一旦资金链断开将造成大量不良贷款。

最后，关系投资的逐利性使强关系的农业经营主体政府救助性预期增加。为了维持强关系，农业经营主体需要增加对关系维系的投资成本，从逐利性角度考虑，农业经营主体需要将这部分投资转变为固定收益以外的关系人情收益，体现为在未来获得对方的支持。关系投资这种交换是以人情为纽带，追求长期恩惠的最优化，而不是当期既得利益最大化。因此，在强关系的农业经营主体违约时，由于知道政府会兜底还款，使其增加对政府的救助性预期。因此，提出待检验假说如下：

H9：拥有正式社会资本的农业经营主体违约概率大于拥有非正式社会资本的农业经营主体。

8.2.2 基于监督租理论的不同反担保措施对信贷违约的作用机理

本部分承接前几章，从贷后监督的视角，基于监督租理论进一步探讨不同反担保措施对政策性担保机制信贷违约的作用机理。政策性担保机制的监督模式分为直接监督（反担保品措施）、代理监督（反担保人措施），不同的监督模式有着不同的监督角色、监督意愿。正确理解不同监督模式下监督成本、有限责任租[1]与监督租[2]三者之间的关系，有助于精准剖析农业经营主体政策性担保信贷违约的本质根源。本章沿着 Conning（2007）的建模思路，在考虑了农业经营主体的道德风险、有限责任的基础上，测算、比较每种监督模式的最低抵押品要

---

① 从融资合同设计的角度来看，由于道德风险和有限责任的存在，为了激励借款人努力，借款人需要获得有限责任租（Laffont 和 Guessan，2000），有限责任租的存在增加了对抵押品的要求。

② 监督人承担连带责任使得农业经营主体从其有限责任租中支付的监督租。

求、监督成本、有限责任租、监督租，进而剖析每种监督模式对信贷违约的作用机理，具体的理论解释框架如图 8-2 所示。

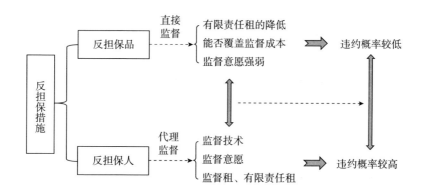

图 8-2　反担保措施对信贷违约的理论解释框架

8.2.2.1　无监督下的反担保品决定模型

假设农业经营主体为风险中性，拥有反担保品价值 A，需要资金 I。农业经营主体的努力水平为 e，可以选择不努力与努力，即 $e \in \{0, 1\}$，农业经营主体获得利润 R 的概率为 $P(e)$，利润 0 的概率为 $1-P(e)$，且 $P(e=1)>P(e=0)$。令 $P_1=P(e=1)$，$P_2=P(e=0)$。农业经营主体不努力时能够得到偷懒的私人收益 $\psi(e)$，其中 $\psi(1)=0$，$\psi(0)=\psi_0$。

假设政策性担保机构不能观测农业经营主体的努力程度。政策性担保贷款按照 $\{R_b, A\}$ 偿还，即农业经营主体经营项目成功时，政策性担保机构获得的收益为 R_b，项目失败时，则获得农业经营主体的反担保品 A。农业经营主体项目成功时的货币收益为 $R-R_b$，项目失败时的货币收益为 $-A$。政策性担保机构的机会成本为 γI，γ 表示其为其他项目授信可获得的最高收益率。政策性担保机构期望农业经营主体以 $e=1$ 的努力水平进行生产，政策性担保机构的预期效用函数为：

$$U_b=P_iR_b+(1-P_i)A, \quad i=1, 2 \tag{8-1}$$

无监督的情况下，政策性担保契约的履行情况如图 8-3 所示。

图 8-3   道德风险下无监督的担保契约时序

无监督时，政策性担保机构基于可以观测到的农业经营主体产出水平制定政策性担保契约，以激励农业经营主体努力经营。

农业经营主体规划 I。

农业经营主体最优化：

$$\max\left[\,P_1(R-R_b)+(1-P_1)(-A)\,\right] \tag{8-2}$$

农业经营主体激励相容：

$$\text{s. t. } P_1(R-R_b)+(1-P_1)(-A)\geqslant P_2(R-R_b)+(1-P_2)(-A)+\Psi_0 \tag{8-3}$$

政策性担保机构参与约束：

$$P_1R_b+(1-P_1)A\geqslant\gamma I \tag{8-4}$$

农业经营主体有限责任约束：

$$\overline{A}\geqslant A \tag{8-5}$$

解得农业经营主体选择努力工作的期望收益为 $E_1\geqslant\dfrac{\psi_0P_1}{P_1-P_2}-\overline{A}$。其中，$\dfrac{\psi_0P_1}{P_1-P_2}$ 为有限责任租。

最低反担保品要求 $\overline{A}\geqslant A_1=\dfrac{\psi_0P_1}{P_1-P_2}+\gamma I-P_1R$。

无监督模式的本质是：政策性担保机构通过设置惩罚激励（$-A_1$）和奖励激励（$R-R_b$），诱使农业经营主体主动选择正努力，化解努力的不可观测性所带来的道德风险。如果农业经营主体的可抵押资产 $\overline{A}$ 大于或等于 A_1，最优努力就会实现，即使在项目失败的状态下农业经营主体也会支付最优惩罚。但如果农业经营主体的可抵押资产低于 A_1，则意味着农业经营主体选择不努力的动机越强，政策性担保机构的激励机制失效。因此，A_1 既是农业经营主体得到政策性担保机构授信所需满足的抵押门槛，又是无监督情形下政策性担保机构激励农业经营主体选择努力工作的最低惩罚，它随着投资额 I、政策性担保机构机会成本 γ，以及农业经营主体的有限责任租$\left(\dfrac{\psi_0 P_1}{P_1-P_2}\right)$上升而增加，随着项目期望收益 $P_1 R$ 增加而减少。

8.2.2.2　直接监督下的反担保品决定模型

在反担保品缺乏的情况下，监督活动可以弥补反担保品不足，缓解道德风险引发的信贷配给。监督情形的契约时序如图 8-4 所示。

图 8-4　道德风险下有监督的担保契约时序

直接监督模式就是政策性担保机构履行监督职能和担保职责，监督活动需要政策性担保机构支付一定的成本 c，监督作用体现在其能够提高农业经营主体偷懒的被观测概率，进而降低偷懒所能获得的私人收益 ψ。假设农业经营主体偷懒的私人收益是监督成本的凸函数，即 $\psi'_b(c)<0$，$\psi''_b(c)>0$，意味着偷懒被观测概率的边际成本递增。

农业经营主体规划 II。

农业经营主体最优化：

$$\max\left[P_1(R-R_b)+(1-P_1)(-A)\right] \tag{8-6}$$

农业经营主体激励相容：

$$\text{s. t. } P_1(R-R_b)+(1-P_1)(-A)\geqslant P_2(R-R_b)+(1-P_2)(-A)+\Psi b(c) \tag{8-7}$$

政策性担保机构参与约束：

$$P_1 R_b+(1-P_1)A-c\geqslant\gamma I \tag{8-8}$$

农业经营主体有限责任约束：

$$\overline{A}\geqslant A \tag{8-9}$$

解得农业经营主体选择努力工作的期望收益为 $E_2\geqslant\dfrac{\psi_b(c)P_1}{P_1-P_2}-\overline{A}$。其中，

$\dfrac{\psi_b(c)P_1}{P_1-P_2}$ 为有限责任租。

最低反担保品要求 $\overline{A} \geqslant A_2 = \dfrac{\psi_b(c)P_1}{P_1-P_2} + \gamma I + c - P_1 R$。

8.2.2.3　代理监督下的反担保品决定模型

代理监督不仅减少了农业经营主体的有限责任租,还增加了监督成本,包括监督活动成本以及支付给反担保人的监督租。最优化问题除了满足农业经营主体的参与约束与激励相容约束、政策性担保机构的参与约束外,还需要满足监督者的激励相容约束(监督者选择监督活动比不监督时的收益大)和参与约束(参与监督的收益能补偿监督活动成本和投入资本)。农业经营主体偷懒的私人收益依然是监督成本的凸函数。实施监督能够让反担保人获得项目剩余 R_k。

农业经营主体规划Ⅲ。

农业经营主体最优化:

$$\max\left[P_1(R-R_b-R_k)+(1-P_1)(-A)\right] \tag{8-10}$$

农业经营主体激励相容:

$$\text{s.t. } P_1(R-R_b-R_k)+(1-P_1)(-A) \geqslant P_2(R-R_b-R_k)+(1-P_2)(-A)+\Psi_k(c) \tag{8-11}$$

监督者激励相容:

$$P_1 R_k - c \geqslant P_2 R_k \tag{8-12}$$

政策性担保机构参与约束:

$$P_1 R_b + (1-P_1)A \geqslant \gamma I \tag{8-13}$$

农业经营主体有限责任约束:

$$\overline{A} \geqslant A \tag{8-14}$$

解得最低反担保要求为 $\overline{A} \geqslant A_3 = \dfrac{\psi_k(c)P_1}{P_1-P_2} + \dfrac{P_1 c}{P_1-P_2} + \gamma I - P_1 R$。其中,$\dfrac{\psi_k(c)P_1}{P_1-P_2}$ 为农业经营主体的有限责任租。

综上所述,不同反担保措施对信贷违约的作用机理。

表8-1为不同监督模式下最低反担保品要求与农业经营主体的有限责任租。

表 8-1　不同监督模式下最低反担保品要求

	最低反担保要求	农业经营主体有限责任租
无监督	$\overline{A} \geqslant A_1 = \dfrac{\psi_0 P_1}{P_1-P_2} + \gamma I - P_1 R$	$\dfrac{\psi_0 P_1}{P_1-P_2}$
直接监督	$\overline{A} \geqslant A_2 = \dfrac{\psi_b(c) P_1}{P_1-P_2} + \gamma I + c - P_1 R$	$\dfrac{\psi_b(c) P_1}{P_1-P_2}$
代理监督	$\overline{A} \geqslant A_3 = \dfrac{\psi_k(c) P_1}{P_1-P_2} + \dfrac{P_1 c}{P_1-P_2} + \gamma I - P_1 R$	$\dfrac{\psi_k(c) P_1}{P_1-P_2}$

由表 8-1 可知，三种情况下当满足最低反担保品要求 A_1、A_2、A_3 时，农业经营主体可以实现履约。通过对比 A_2、A_3 发现，反担保品措施下的直接监督与反担保人措施下的代理监督最低反担保要求大小存在不确定性。当且仅当 $c < \dfrac{P_1}{P_2}$ $[\psi_b(c) - \psi_k(c)]$ 时，代理监督最低反担保要求低于直接监督（左边是监督成本，右边是带有监督租函数的农业经营主体有限责任租的降低）。这说明代理监督能否改变农业经营主体的努力程度，取决于监督活动引发的农业经营主体有限责任租的降低能否覆盖监督成本，以及反担保人相对于政策性担保机构的监督技术。如果能够覆盖，且反担保人的监督技术强于政策性担保机构，即同样的监督成本 c，反担保人所能降低的农业经营主体不努力私人收益规模大于政策性担保机构，表现为 $|\psi'_k(c)| > |\psi'_b(c)|$，说明反担保人代理监督是有效率的；如果监督成本、监督租超过有限责任租的降低规模，且反担保人的监督技术弱于政策性担保机构，表现为 $|\psi'_k(c)| < |\psi'_b(c)|$，则反担保人代理监督无效率，进而导致农业经营主体的信贷违约。

从监督成本来看，由于农业经营主体寻找反担保人需要额外付出搜寻成本，获得政策性担保授信后需要支付更多的监督租以及关系维护成本，因此，提高了农业经营主体的借贷成本，降低了有限责任租覆盖监督成本的概率 $c < \dfrac{P_1}{P_2} [\psi_b(c) - \psi_k(c)]$，使农业经营主体从事高风险投资的动机增强，违约风险上升。从监督技术来看，由于反担保人与农业经营主体之间并没有紧密生产合作关系，也没有共同利益的驱使，因此反担保人监督意愿较低，反而与农业经营主体的合谋动机

更强，与政策性担保机构利益诉求不一致的概率更大，因此更倾向于违约。相反，直接监督由于缺少一层"反担保人—农业经营主体"之间的委托代理关系，提高了 $c<\frac{P_1}{P_2}[\psi_b(c)-\psi_k(c)]$ 有限责任租覆盖监督成本的概率，且违约时反担保品的转让会产生对农业经营主体归还贷款的激励，因此，提出待检验假说如下：

H10：具有反担保人特征的农业经营主体违约概率高于具有反担保品特征的农业经营主体。

8.3 研究设计

8.3.1 数据来源

国家"金融支农"的政策导向、多家金融机构对农牧区金融市场的抢占，使得农牧区的信贷环境较为宽松，一个农业经营主体具有多笔贷款的现象较为普遍。由于本章旨在分析农业经营主体针对政策性担保贷款的违约动机，因此，本章使用数据是样本地区 370 个农业经营主体所获得 370 笔政策性担保贷款，不考虑这 370 个农业经营主体所获得的其他类型贷款。

8.3.2 研究方法、模型设定与变量选择

8.3.2.1 研究方法概述

虽然线性概率模型（Linear Probability Model，LPM）计算方便，容易得到边际效应（即回归系数），但是利用线性概率模型进行二值选择模型（违约或不违约）所作的预测值却可能出现 $\hat{y}>1$ 或 $\hat{y}<1$ 的不现实情形，如图 8-5 所示。

为使 y 的预测值介于 [0，1]，在给定 x 的情况下，考虑 y 的两点分布概率：

$$\begin{cases} P(y=1 \mid x)=F(x，\beta) \\ P(y=0 \mid x)=1-F(x，\beta) \end{cases} \tag{8-15}$$

函数 F（x，β）称为连接函数（Link Function），因为它将 x 与 y 连接起来。

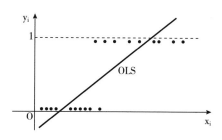

图 8-5　线性概率模型

y 的取值要么为 0，要么为 1，故 y 肯定服从两点分布。通过选择合适的连接函数 F（x，β）（比如，某随机变量的累积分布函数），可保证 $0 \leqslant \hat{y} \leqslant 1$，并将 $\hat{y}$ 理解为 "y = 1" 发生的概率，因为

$$E(y \mid x) = 1 \cdot P(y = 1 \mid x) + 0 \cdot P(y = 0 \mid x) = P(y = 1 \mid x) \tag{8-16}$$

如果 F(x，β) 为标准正态的累积分布函数，则

$$P(y = 1 \mid x) = F(x，β) = \Phi(x'β) \equiv \int_{-\infty}^{x'β} \varphi(t) dt \tag{8-17}$$

φ（·）与 Φ（·）分别为标准正态的密度与累积分布函数；此模型称为 "Probit"。如果 F（x，β）为 "逻辑分布"（Logistic Distribution）的累积分布函数，则：

$$P(y = 1 \mid x) = F(x，β) = \wedge(x'β) \equiv \frac{\exp(x'β)}{1 + \exp(x'β)} \tag{8-18}$$

其中，函数 $\wedge$（·）的定义为 $\wedge(z) \equiv \dfrac{\exp(x'β)}{1 + \exp(x'β)}$；此模型称为 "Logit"。

Probit 与 Logit 都很常用，两者的估计结果（比如边际效应）通常很接近。Logit 模型的优势在于，逻辑分布的累积分布函数有解析表达式（标准正态没有），故计算 Logit 更为方便，而且 Logit 的回归系数更易解释其经济意义。因此，在本章中选择 Probit 模型和 Logit 模型研究政策性担保机制下农业经营主体信贷违约行为。

8.3.2.2　模型设定

（1）异质性社会资本对信贷违约的模型设定。

第一，构建 Probit 模型。为考察农业经营主体异质性社会资本对政策性担保

贷款违约的影响,构建如下模型:

$$P(\text{default}_i = 1 \mid \text{formal}_i, \text{ informal}_i, X_i) = \Phi(\alpha_0 + \alpha_1 \text{formal}_i + \alpha_2 \text{informal}_i + \psi' X_i)$$

$$(8-19)$$

其中,下标 i 表示第 i 个农业经营主体。右边 Φ 是标准正态分布的分布函数,α_1 和 α_2 表示对应的系数;X_i 表示控制变量向量,ψ' 表示待估计系数向量。

被解释变量:农业经营主体获得的政策性担保贷款是否违约(default)。鉴于某些农业经营主体可能有部分政策性担保贷款尚未到期,且直接询问"您是否有过延迟还款"来测试农业经营主体的违约情况,农业经营主体会刻意隐瞒,导致调研结果产生偏误。因此,在调研问卷中设置了相关"贷款目的、还款来源、贷款用途"等相关问题进行交叉检验,同时在情况允许时和信贷员进行核对。当农业经营主体存在"贷款用途非农化、垒大户、拖欠利息或/和本金、在其他银行的债务已经不良、存在未决诉讼或未终结执行"时视为农业经营主体违约。

核心解释变量:非正式社会资本(informal)、正式社会资本(formal),定义见 5.3.3。采用与镇政府距离(ivf)、2019 年家庭礼金支出金额(gift)、家庭生产用固定资产现值(proasset)分别作为稳健性检验时的替代指标。

控制变量:根据已有研究可知,个体特征、资源禀赋、贷款特征、支出情况等因素会对农业经营主体信贷违约产生重要影响。鉴于此,在个体特征方面,选取年龄(age)、性别(sex)、受教育年限(edu)、家庭人口数(pop);在资源禀赋方面,选取务农年限(workingyears)、风险倾向(raverse、rseeking)、是否有银行存款(savings)、劳动力占比(labor);在贷款特征方面,选取贷款笔数(num)、生产周期与还款周期是否匹配(way)、利息支出(lninterest)、政策性担保机构贷后监督次数(postloan);在支出方面,选取农业支出(lnagrexp)、消费支出(lnconsume),同时控制地区差异。

第二,构建 Logit 模型。Logit 函数为事件 Y = 1 和 Y = 0 发生的概率比值,将 Y = 1 定义为农业经营主体的政策性担保贷款发生违约,概率为 P,Y = 0 定义为农业经营主体的政策性担保贷款未发生过违约,概率为 1-P。对数表达式为:

$$\ln\left(\frac{P_i}{1-P_i}\right) = \beta_0 + \beta_1 \text{formal}_i + \beta_2 \text{informal}_i + \gamma X_i + \varepsilon_i$$

$$(8-20)$$

其中,β_1、β_1、γ 表示待估计系数,其他变量同式(8-19)。

（2）反担保措施对信贷违约的模型设定。

第一，构建 Probit 模型。为研究不同反担保措施如何作用于农业经营主体的违约行为，构建如下模型：

$$P(\text{default}_i = 1 \mid \text{collateral}_i, \ X_i) = \Phi(\delta_0 + \delta_1 \text{cguarantee}_i + \varepsilon' X_i) \tag{8-21}$$

其中，δ_1 表示待估参数，ε' 表示待估参数向量。

被解释变量：农业经营主体获得的政策性担保贷款是否违约（default）。

核心解释变量：反担保措施（cguarantee）定义见 5.3.3。

控制变量：同式（8-19）。

第二，构建 Logit 模型。

$$\ln\left(\frac{P_i}{1-P_i}\right) = \zeta_0 + \zeta_1 \text{cguarantee}_i + \eta X_i + \varepsilon_i \tag{8-22}$$

其中，ζ_1 表示待估参数，η 表示待估参数向量，其他变量同式（8-19）和式（8-21）。

8.3.3　描述性统计分析

本章研究主要变量的描述性统计如表 8-2 所示。

表 8-2　主要变量的描述性统计

变量	取值说明	均值	标准差	最小值	最大值
被解释变量					
default	该笔政策性担保贷款是否违约（是=1；否=0）	0.422	0.494	0.000	1.000
解释变量					
formal	是否自己或亲朋好友在政府部门有过任职经历（是=1；否=0）	0.408	0.492	0.000	1.000
informal	以 2019 年礼金支出平均值为界限（大于均值=1，小于均值=0）	0.468	0.500	0.000	1.000
cguarantee	以 2019 年固定资产现值取对数后的平均值为界限（大于均值，具有反担保品特征=1；小于均值，反担保人特征=0）	0.451	0.498	0.000	1.000
ivf	与镇政府距离（千米）	21.122	10.281	10.000	50.000
gift	2019 年家庭礼金支出金额（万元）	0.983	0.765	0.100	5.000

续表

变量	取值说明	均值	标准差	最小值	最大值
proasset	2019年家庭生产用固定资产现值（万元）	21.775	51.569	0.370	360.000
控制变量					
age	户主年龄（岁）	43.622	7.820	23.000	63.000
sex	户主性别（1=男；0=女）	0.814	0.390	0.000	1.000
pop	家庭常住人口数量（人）	4.216	1.289	2.000	8.000
edu	户主受教育年限（年）	8.938	2.401	5.000	16.000
labor	劳动力占比：劳动人口数/家庭总人口数（%）	0.518	0.108	0.286	0.667
workingyears	务农年限（年）	20.611	9.875	0.000	43.000
raverse	是否风险厌恶（是=1；否=0）	0.662	0.474	0.000	1.000
rseeking	是否风险爱好（是=1；否=0）	0.230	0.421	0.000	1.000
savings	在银行是否有存款（是=1；否=0）	0.224	0.418	0.000	1.000
lninterest	2019年利息支出总额取对数（元）	1.937	1.365	0.230	10.000
num	2019年末正规信贷笔数（笔）	1.832	0.624	1.000	4.000
way	生产周期与还款周期是否匹配（是=1，否=0）	0.654	0.476	0.000	1.000
postloan	政策性担保公司贷后监督次数（次）	0.432	0.639	0.000	2.000
lnagrexp	2019年农业支出总额取对数（元）	11.285	1.200	9.210	15.621
lnconsume	2019年消费支出总额取对数（元）	10.396	0.612	8.882	11.633

由表8-2可知，被解释变量政策性担保贷款是否违约（default）的均值为0.422，标准差为0.494，说明在样本地区农业经营主体对于政策性担保贷款的违约倾向较高，这与学者们的"政策性担保机制存在高违约率"观点相一致。农业经营主体正式、非正式社会资本的均值分别为40.80%、46.80%，说明大部分处于社会资本匮乏状态，农村金融依赖的人情场域强度逐渐降低，且正式社会资本小于非正式社会资本，进一步验证了学者们所讨论的现实情况——正式社会资本在中国往往存量不足、质量不高，尤其是贫困地区农户更为缺乏，能否发挥效用及其影响程度尚需考察。同时，具有反担保品特征的农业经营主体的均值为45.1%，说明大部分农业经营主体的融资约束程度较高，印证了学者们讨论的当前农村金融市场处于抵押品匮乏的状态。

在个体特征方面，农业经营主体大多为四口之家，户主为男性，蒙古族，平均年龄为44岁，平均受教育年限为9年，说明农牧区存在重男轻女现象，户主为中年且文化水平较低，接纳新事物的能力有限。资源禀赋方面，大部分农业经营主体务农年限为 21 年，家庭劳动力占比为 51.8%，且为风险厌恶型，但是很少在银行有储蓄，流动性较差。贷款特征方面，利息支出的均值为 1.937，验证了政策性担保机制可以降低农业经营主体的融资成本。农业经营主体平均有 2 笔贷款，但是还款方式上还存在生产周期与还款周期不能合理匹配的情况，说明可能存在"倒贷""借新还旧"的可能性。政策性担保机构的监督次数平均不到 1 次，说明政策性担保机构的业务模式还是多依赖于银行做贷后监督，这将难以避免银行与农业经营主体合谋的可能性。支出方面，2019 年末农业经营主体的农业支出、消费支出分别为 11.285、10.396，一方面说明农业经营主体生活成本较高，另一方面说明其可能存在借贷消费、超前消费、攀比消费的情况。

8.4 实证结果与分析

8.4.1 估计结果

表 8-3 给出了模型的相关估计结果，其中结果（1）表示异质性社会资本对政策性担保信贷违约的 Probit、Logit 边际效应估计结果，结果（2）表示反担保措施对政策性担保信贷违约的 Probit、Logit 边际效应估计结果。

表 8-3 模型回归结果

变量	（1）异质性社会资本对违约的检验结果				（2）反担保措施对违约的检验结果			
	①Probit		②Logit		③Probit		④Logit	
	dy/dx	标准误	dy/dx	标准误	dy/dx	标准误	dy/dx	标准误
formal	0.136**	0.062	0.139**	0.063	—	—	—	—
informal	−0.108*	0.056	−0.108*	0.058	—	—	—	—
cguarantee	—	—	—	—	−0.225***	0.059	−0.239***	0.062
age	−0.001	0.004	−0.002	0.005	−0.002	0.004	−0.003	0.005

续表

变量	(1) 异质性社会资本对违约的检验结果				(2) 反担保措施对违约的检验结果			
	①Probit		②Logit		③Probit		④Logit	
	dy/dx	标准误	dy/dx	标准误	dy/dx	标准误	dy/dx	标准误
sex	0.202***	0.072	0.222***	0.071	0.209***	0.072	0.234***	0.07
pop	-0.049*	0.028	-0.047	0.03	-0.043	0.027	-0.041	0.029
edu	-0.024*	0.013	-0.026**	0.013	-0.019	0.012	-0.020	0.012
labor	-0.114	0.332	-0.139	0.347	0.016	0.329	-0.003	0.344
workingyears	-0.004	0.004	-0.004	0.004	-0.003	0.004	-0.003	0.004
raverse	-0.015	0.089	-0.013	0.091	-0.006	0.09	-0.002	0.092
rseeking	-0.007	0.102	-0.012	0.104	0.038	0.107	0.043	0.112
savings	0.306***	0.066	0.316***	0.068	0.343***	0.07	0.366***	0.074
lninterest	-0.034	0.033	-0.037	0.037	-0.021	0.034	-0.024	0.038
num	0.072	0.049	0.071	0.05	0.088*	0.048	0.089*	0.051
way	-0.266***	0.061	-0.283***	0.064	-0.273***	0.062	-0.296***	0.065
postloan	-0.246***	0.053	-0.265***	0.059	-0.202***	0.051	-0.222***	0.056
lnagrexp	0.064	0.046	0.062	0.049	0.078*	0.046	0.075	0.048
lnconsume	0.019	0.05	0.017	0.053	0.020	0.051	0.018	0.054
准 R^2	0.196		0.198		0.208		0.212	
正确预测比率	73.24%		73.24%		74.32%		74.32%	
样本量	370							

注：*、**和***分别表示在10%、5%和1%的水平上显著；模型中地理位置均已控制。下文同。

8.4.1.1 异质性社会资本对政策性担保信贷违约的检验结果

由表8-3可知，通过比较①Probit 和②Logit，两者在边际效应、准 R^2 以及正确预测比率相差不大。具体而言，在其他变量保持不变的情况下，正式社会资本对政策性担保信贷违约的边际效应为0.136，且在5%的水平上显著，表明农业经营主体拥有的正式社会资本每增加一个单位，将使农业经营主体违约的概率上升0.136个单位。非正式社会资本对政策性担保信贷违约的边际效应为 -0.108，且在10%的水平上显著，表明农业经营主体拥有的非正式社会资本每增加一个单位，将使农业经营主体违约的概率下降0.108个单位。因此，验证了假说 H9：拥有正式社会资本的农业经营主体违约概率高于拥有非正式社会资本的农业经营主体。

8.4.1.2 反担保措施对政策性担保信贷违约的检验结果

由表 8-3 可知，通过比较③Probit 和④Logit，两者在边际效应、准 R^2 以及正确预测比率相差不大。具体而言，在其他变量保持不变的情况下，反担保品措施对政策性担保信贷违约的边际效应为 -0.225，且在 1% 的水平上显著，表明相对于反担保人措施，反担保品措施每增加一个单位，将使农业经营主体违约的概率下降 0.225 个单位。因此，验证了假说 H10：具有反担保人特征的农业经营主体违约率高于具有反担保品特征的农业经营主体。

8.4.1.3 政策性担保信贷违约的其他影响因素

表 8-3 的结果进一步显示，对政策性担保信贷违约影响为正的变量主要有户主性别、家中是否有存款、贷款笔数以及农业支出，且分别在 1%、1%、10% 和 10% 的水平上显著。当性别为男性，且家中有存款时，说明农业经营主体政策性担保信贷违约的可能性显著增加。进一步来看：①户主为男性时信贷违约可能性显著提升，这可能由于男性在生产经营安排和偿还贷款计划时不如女性合理所致。②家中有存款。首先，说明家庭资产越多，违约可能性越高，即政策性担保机制的逆向选择问题。其次，说明该类农业经营主体可能有多笔贷款或者贷款数额较大，除了安排农业生产还有大量剩余存在银行，这进一步证明了该类农业经营主体有"倒贷""贷款他用"的倾向。最后，说明政策性担保机制的惩罚措施无效，不能设计合理的制度，防范农业经营主体的"倒贷""贷款他用"等策略性违约行为。③贷款笔数越多，说明正规金融渠道无法满足的刚性资金需求会转向民间借贷，甚至高利贷，一方面农业经营主体对此类借款往往优先偿还，另一方面这也表明农业经营主体往往面临较大的还款压力，而高息借款的影响程度要比低息贷款更大，这增加了农业经营主体的家庭经济负担，从而信贷违约的可能性随之增大。④农业支出越多，贷款规模可能越大，还贷压力越大，过桥还贷的概率越大，违约可能性增加。

对政策性担保信贷违约影响负向显著的变量主要有家庭人口数、受教育年限、生产周期与还贷周期是否匹配以及政策性担保机构贷后监督的次数，且分别在 10%、10%、1% 和 1% 的水平上显著，这表明家庭人口数越多，受教育年限越长，生产周期与还贷周期能够合理匹配，政策性担保机构能够积极进行贷后监督，农业经营主体信贷违约的可能性将显著降低。进一步来看：①家庭人口数越多，说明该类农户的非正式社会资本可能越多，为了维持整个家庭的声誉，农业经营主体违约概率降低。②农业经营主体的受教育程度越高，法律观念越强，知晓规则、认同规则，因此违约概率越小。③生产周期与还贷周期能够合理匹配，说明农业经营主体可以根据生产经营周期安排借贷资金的使用情况，不需要再安排非银行渠道的高息借款，降低了农业经营主体的还贷压力以及经济压力，因此违约率降低，同时也证明了担保信贷产品设计的合理性在政策性担保机制履约中的重要作用。④作为一种约束机制，政策性担保机构贷后监督的次数能够有效降低政策性担保过程中的信息不对称，及时发现存在的各种风险并积极解决，能够有效防范道德风险，对政策性担保信贷违约起到制约作用。

此外，在控制上述变量影响的基础上，其他变量的影响不再显著。

8.4.2　稳健性检验

稳健性检验一：替换变量。将正式社会资本替换为与镇政府距离，将非正式社会资本替换为家庭礼金支出金额，将反担保措施替换为家庭生产用固定资产现值进行稳健性检验，估计结果如表8-4所示。与基准结果相比在显著性和影响方向上并无明显变化，这也表明了基准回归估计结果的稳健性。

稳健性检验二：剔除极端值。将农业经营主体位于1%生产用固定资产最多和1%生产用固定资产最小的样本剔除掉，估计结果如表8-4所示。在剔除掉极端值后，相关检验结果与基准回归结果相比并未发生较大改变，说明基准回归估计结果是稳健的。

稳健性检验三：社会资本相关性检验。社会资本目前缺乏清晰的界限和测量方法，非正式、正式社会资本之间可能存在较强的相关性。因此，本书对数据进行相关性分析。分析结果显示，相关性系数值为0.137，且在1%的水平上显著，两个变量之间相关性较弱。

表 8-4 稳健性检验

变量	(1) 异质性社会资本对违约的检验结果				(2) 反担保措施对违约的检验结果			
	稳健性检验一		稳健性检验二		稳健性检验一		稳健性检验二	
	dy/dx	标准误	dy/dx	标准误	dy/dx	标准误	dy/dx	标准误
formal	0.005*	0.003	0.139**	0.063	—	—	—	—
informal	−0.065*	0.037	−0.114**	0.057	—	—	—	—
cguarantee	—	—	—	—	−0.002**	0.0008	−0.592***	0.165
准 R^2	0.195		0.202		0.1918		0.214	
正确预测比率	71.35%		72.93%		71.89%		75.14%	
样本量	370		362		370		362	

8.5 本章小结

8.5.1 研究结论

本章得到如下结论：第一，异质性社会资本对政策性担保信贷违约的影响存在差异，拥有正式社会资本的农业经营主体违约概率高于拥有非正式社会资本的农业经营主体。第二，不同反担保措施对政策性担保信贷违约的影响存在差异，具有反担保人特征的农业经营主体违约概率高于具有反担保品特征的农业经营主体。第三，对政策性担保信贷违约影响正向显著的变量主要有户主性别、家中是否有存款、贷款笔数以及农业支出等；影响负向显著的变量主要有家庭人口数、受教育年限、生产周期与还贷周期是否匹配以及政策性担保机构贷后监督的次数等。

8.5.2 进一步讨论

农村正规信贷市场面临信息不对称、高交易成本、资金用途多元化以及借贷风险复杂化等问题，风险和不确定性的存在使得银行、政策性担保机构需要依靠长期的信任和互动来规避风险。正式和非正式社会资本作为信任和抵押的替代物，均有助于农业经营主体获得贷款，而由于前者的信息相对于后者更容易被银行、政策性担保机构收集和评价，对农业经营主体信贷可得帮助往往更大，这也是本书第5章所验证的政策性担保机制由于存在门槛效应。本章的结论进一步表明，由于评价机制扭曲、人情化监管以及逐利性导致的政府救助性预期增加，使得基于人情的正式社会资本不容易被制约和监督，出现逆向选择与道德风险，增加了违约风险。

作为代理监督的主要方式，反担保人措施是否有效取决于监督成本、监督技术以及监督收益。调查过程中发现具有反担保人特征的农业经营主体一般与反担保人没有直接的生产经营上的联系，亦不需要承担农业经营主体违约的连带责任，也没有获得更多的监督租，因此反担保人监督意愿较低，反而与农业经营主体的合谋动机更强，与政策性担保机构的利益诉求不一致的概率更大，违约概率较高。

综上所述，具有正式社会资本农业经营主体违约源于对政治信用的过度信任，以及地方政府的过度干预，具有反担保人特征农业经营主体的违约源于对反担保人监督的过度依赖，同时，由于反担保品的难处置违背了其事前可置信承诺这一特征，也可能存在一定的违约风险。因此，导致政策性担保机制高违约的本质原因既有事前的逆向选择，又有事后的道德风险，筛选进入政策性担保机制门槛的农业经营主体并未按照"担保支农"的政策要求生产经营，政策性担保机制的弱监督并未发现贷后的违约风险，这影响了政策性担保机制的可持续性。

第9章　结论及对策建议

9.1　结　论

本书从政策性担保机制"支农"契约的缔结、履行视角，将政策性担保机制的"支农"效应定义为缔约阶段的助贷效应、节本效应，以及履约阶段的增收效应、可持续效应，通过理论剖析以及大样本实证检验，回答"政策性担保机制是否以及如何发挥'支农'效应"的问题。具体研究结论如下：

政策性担保机制作为财政金融协同支农的重要手段，通过发挥第三方抵押品替代的基本功能，对农业经营主体进行系统外增信，重构了农村金融市场，增加了农业经营主体的信贷可得，解决了融资难问题，发挥了助贷效应。通过发挥具有"支农"政策导向的经济激励衍生功能，以政府的隐性担保分散了金融机构的风险，增加了金融机构的低利率信贷供给，降低了农业经营主体的显性融资成本，解决了融资贵问题，发挥了节本效应。政策性担保贷款作为一种生产要素，当其能够与其他生产要素（劳动、土地、企业家才能等）合理匹配时，农业经营主体的生产投资处于规模报酬递增阶段，政策性担保机制可以发挥增收效应，成为助力实施乡村振兴战略的有力支撑。然而，可持续性效应检验结果显示，由于政策性担保机制的国有产权属性以及双目标导向，使其存在"帮别人做了好事，却把自己置于险地"的尴尬处境，具有一定风险隐患。

政策性担保机制对于不同属性特征农业经营主体的异质性作用结果显示：

第一，缔约阶段的助贷效应。政策性担保机构在筛选农业经营主体时，由于对政治信用的过度信任以及门槛效应，使得政策性担保资源大多配置于拥有较多正式社会资本的农业经营主体以及具有反担保品特征的农业经营主体。

第二，缔约阶段的节本效应。由于具有正式社会资本农业经营主体需要承担更多的声誉投资沉没成本、政治资源维护成本、资源整合交易成本、集体行动机会成本等隐性融资成本；具有反担保品特征的农业经营主体需要承担政策性担保机构更多的信息采集成本、处理识别成本、监督控制成本、了结处置成本等转嫁机会成本，因此，具有正式社会资本农业经营主体以及具有反担保品特征农业经营主体成本支出较高，逐利性需求可能使这两类农业经营主体更倾向于高风险、高收益的投资项目。

第三，履约阶段的增收效应。依据效用函数，在净收益效应、消极效应共同作用下，政策性担保机制对增收效应产生影响，使得政策性担保贷款规模对农业经营主体收入增长的影响呈倒"U"型曲线，即存在一个债务平衡点，使政策性担保机制促进农业经营主体增收的效应最大化。农村社会的差序格局特征使具有正式社会资本农业经营主体的债务平衡点偏低；基于地域特征不同层面的"匹配效应"使具有反担保品特征的农业经营主体债务平衡点偏低。表明具有正式社会资本以及具有反担保品特征的农业经营主体对政策性担保贷款规模的承受能力较弱，提供过度的政策性担保供给，不仅不能实现其增收效应最大化，反而会导致过度投资、过度负债，最终产生道德风险。

第四，履约阶段的可持续效应。政策性担保机制国有产权属性导致的政府与市场作用边界不清、对政治信用的过度信任、农业经营主体的救助性认知，使得具有正式社会资本农业经营主体的违约风险较高。由于政策性担保机制对反担保人监督的过度依赖，使得具有反担保人特征农业经营主体违约风险较高。同时，由于反担保品的难处置违背了其事前可置信承诺这一特征，也可能存在一定的违约风险。因此，导致政策性担保机制可持续效应不佳的本质原因既有事前信息不对称导致的逆向选择（弱筛选），又有事后信息不对称导致的道德风险（弱监督）。

另外，研究结果还显示，首先，在生产方式上，样本地区存在生产成本较高、产业转型意愿较低，农业经营主体仍愿意停留在传统小农生产方式上，与现代农业还存在一定差距。其次，在借贷模式上，农业经营主体都有多笔贷款，对利率的敏感度较高，且存在超前消费、借贷消费、生产周期与还贷周期不相符导致农业经营主体利用过桥资金还款等现象。再次，政策性担保机构的业务模式以银行为主导，贷后弱监督是农业经营主体道德风险的主要动因。最后，农业经营主体的培训经历、金融素养、其他生存技能、家中是否有存款、贷款笔数、总收入的规模、工作年限、劳动力占比等都对政策性担保机制的"支农"效应产生一定程度的影响。

9.2　政策建议

9.2.1　政策性担保机制未来的改变和选择

9.2.1.1　"担保支农"缔约阶段筛选机制的改变

对政治信用的过度信任、反担保品优先作为一种传统的担保理念，具有节约贷前筛选成本的优势，但是如果不考虑农业经营主体的不同属性特征，陷入路径依赖，可能严重削弱了政策性担保机制的"支农效应"，最终导致逆向选择与道德风险。政策性担保机制应具备成长优先的新担保理念，通过大数据赋能、熟人赋能、龙头赋能等多种方式充分挖掘农业经营主体潜在的社会资本，获得农业经营主体的生产经营信息、借贷信息、信用信息等，并通过当地政府、银行、政策性担保机构错位尽调筛选，尽可能降低事前、事后信息不对称性，达到"优选结伴"的目标，将具有高信用度、高成长性的农业经营主体纳入政策性担保机制的担保范围。具体操作步骤如下：首先，通过乡镇基础尽调完成建档立卡、筛选分类两项工作。乡镇工作机构将全乡镇的新型农业经营主体的资料提供给省农担公司，省农担公司会同乡镇将客户资料进行汇总、整理后，将客户分为备选类、关注类、不良类。其次，针对筛选出来的备选类客户，省农担公司会同乡镇组织召开融资服务现场会，集中宣讲信贷政策、诚信理念，了解其信贷需求，向合作银行批量推荐。再次，银行针对借款人征信信息、贷款用途及额度、个体性格能力以及风险偏好等进行技术尽调。最后，农担公司通过对乡镇基础尽调内容和银行技术尽调内容的分析，形成问题，带着问题进行复合尽调，针对可疑点确定核查重点，查清农业经营主体的真实情况。在复合尽调过程中，发挥项目负责人 AB 制的双人智慧，共同把关相互配合，以 A 角为主形成尽职调查报告。复合尽调完成后，按农担公司内部审批流程进行限时审批。通过审批的项目，农担公司直接推送至乡镇，在乡镇政府公告栏或政务公开平台公示，接受社会各界的举报。

9.2.1.2 "担保支农"履约阶段监督机制的改变

反担保人监督虽然可以节约一定的监督成本，但必须满足"反担保人与农业经营主体之间信息对称、与政策性担保机构的利益诉求一致，具备低成本监督的能力且能够获得监督租"才能够发挥反担保人代理监督的作用。因此，政策性担保机制应通过熟人赋能、龙头赋能积极发挥代理监督的正向作用，通过设置激励约束机制，建立贷后监督小组（如成员包括村干部、龙头企业生产技术员、农资经销商、邻居等）积极了解农业经营主体的生产经营情况，在降低监督成本的同时，提高监督绩效，避免反担保人与农业经营主体合谋的机会主义行为。另外，要加强对农业经营主体的反担保资源进行创新组合的能力，即对各种反担保措施进行组合，控制农业经营主体的第一还款来源，或者产生相对可靠的第二还款来源。比如，应收账款质押反担保、订单质押反担保加上反担保人的无限责任保证反担保，可以通过核算农业经营主体订单产生的收益及成本，估算出农业经营主体的资金需求量，通过对农业经营主体订单履约状况的跟踪，与订单企业签订应收账款质押确认函，与合作银行建立专户对农业经营主体订单回款进行封闭管理，从第一还款来源上控制农业经营主体的违约风险；而反担保人无限责任保证反担保可以从心理上对反担保人产生履约责任感与压力，避免恶意逃债。

9.2.1.3 产品设计的改变与创新

政策性担保机构以及金融机构在设计支农信贷产品时，应针对农业经营主体的经营特点和资金需求特点，提供差异化、多样化以及还款周期与生产周期合理匹配的融资方案，重点考虑结息方式、偿还本金方式以及农牧业生产特征等，以使农业经营主体可以合理安排周期性生产计划，提升其内涵式增长实力。同时，政策性担保机构提供担保时，应充分考虑农业经营主体的不同社会资本存量，实行差异化供给，避免"一刀切"式担保政策导致的农业经营主体过度投资、过度负债。

9.2.1.4　担保理念的改变

政策性担保机制要具备"全程陪伴、避险前置、流程匹配、权责匹配"的担保新理念。"全程陪伴"要做到整个政策性担保过程中政策性担保机构的零缺位，全程定位保后跟踪，陪伴农业经营主体健康成长，使整个担保过程有信度、有效度。"避险前置"不同于反担保品优先，是在全程陪伴的基础上，对信贷风险科学预判、理性分析、合理设计，及时发现问题、解决问题的防控信贷风险的整体意识。"流程匹配"要求政策性担保机制要将着力点匹配在贷前调查、贷中审查、贷后检查中。传统的政策性担保机制只关注贷中审查，这是个误区，信贷安全绝不是审批出来的。政策性担保机制要接地气，信贷流程要与信贷实际相匹配，把有精度的优选和有温度的陪伴相结合。"权责匹配"要实现责任设置在哪里，权力就配置在哪里。

9.2.1.5　管理制度的改变

优化评价机制、奖惩机制以及培训机制。首先，对于评价机制，坚持尽职免责，坚持回归本源，支持"三农"是政策性担保资源的合理流向，在评价机制上要给予积极的引导。其次，对于奖惩机制，鼓励担当作为，问责机制要明晰到位，严厉打击骗贷骗保、上下其手、内外勾结行为，更要坚决果断，以儆效尤。最后，对于培训机制，注重内训，发挥团队的主观能动性，突出训练内生力、执行力、创新力。

9.2.1.6　政策性担保机构在介入产业链过程的注意事项

第一，搭建信息、担保、金融等业务的合作平台，与产业链上下游主体开展深度合作。第二，通过深度合作嵌入产业链的 ERP 系统，最大程度解决信息不对称问题，促进资金融通。第三，利用政策优势，提升产业链上农业经营主体的盈利能力、风险防控能力以及农业生产技术。第四，尝试与当地政府、核心企业合作自建金融生态系统。第五，创新产品设计理念，探索"银行+政策性担保+商业性保险+互联网+品牌+农业平台企业+规模养殖户"的多要素联动降风险模式。例如，首先，依托政府部门选取规模化、规范化、标准化的平台企业作为试点和标杆。其次，依托平台企业推荐上游规模化养殖户并对收入保险（包括意外、死亡保险和价格指数保险等）投保条件和贷款条件进行审核，由地方农业部门负责对其符合环保政策情况进行把关。再次，利用平台企业业务人员和技术人员高频率接触规模养殖户的优势，协助农担公司定期做好保后管理。通过超市的订单贷款，解决终端的资金账期的问题，完成"饲料厂—养殖客户—终端消费"的模式，减少多级化的经销体系，优化整体的产业链条，降低政策性担保风险。最后，当发生不可预测风险时，由保险公司进行赔付。

9.2.1.7　充分发挥政府性融资再担保功能，增强政策性担保机制风险抵抗能力

再担保机构应坚持"增信、分险、降费、规范、引领"的基础性功能，为符合政策导向的融资主体提供服务。在增信方面，通过再担保比例分担，适当降低原保机构在保责任余额、助推其担保业务规模扩大；在分险方面，通过代偿补偿方式，切实分散原保机构担保业务风险，增强其代偿能力；在降费方面，引导原保机构逐步调降担保费率，推动降低小微企业和"三农"的融资成本；在规范方面，通过再担保合同契约关系与业务指导培训，引导原保机构规范经营、防控风险；在引领方面，通过对市场及行业的研究分析，把握行业发展方向，并结合再担保比例和费率调节手段，引导原保机构积极为符合政策要求的群体提供融资担保服务。

9.2.2　有为政府塑造有效政策性担保市场

第一，政府部门在进行"担保支农"顶层政策设计时，要充分考虑不同属性特征农业经营主体的需求特点，充分利用熟人社会的信息优势、地缘优势和监督优势，进行不同"金融支农"政策之间的相互匹配，适应当地的特色经济结构和发展战略。另外，要利用地方政府的信息优势，将其纳入政策性担保的筛选机制、监督机制框架中。

第二，把握好政府与市场的作用边界，切实发挥正式社会资本制度化因素的制约和监督作用，防范政策性担保机制中政府过度干预导致的逆向选择与道德风险。另外，鼓励农业经营主体积极参与合作社、农业产业链等合作组织，注重非正式社会资本的积累与维持，提高自身资源的交换、借用、摄取能力，通过产业链上整体规划，合理配置政策性担保贷款，实现收入增长。

第三，建立农业经营主体征信系统，优化农村信用环境。首先，对征信系统的评价指标进行全面、系统的设计，以科学评价农业经营主体的信用状况；其

次，调动地方政府以及相关部门构建农村信用登记制度的积极性，力求建立覆盖面广、信息内容全的信用共享数据库。

第四，政府要加强对农业经营主体金融法律法规知识的宣传教育与诚信教育，以强化农户信用意识观念。引导农业经营主体树立正确的消费观念，营造良好的农牧区金融信用环境。同时加强农村金融市场的筛选与违约惩罚机制，对主动违约的借款人或担保人进行严惩。

9.3　研究展望

政策性担保机制的破局只是开端，可持续性才能证明政策性担保机制"支农"使命的达成。因此，破局之后要进行持续布局，持续布局必须抓住两个关键变量：风险控制与可持续发展。风险控制与可持续发展是一个问题的两个方面，具有内在统一性，不是孤立存在的。因此，政策性担保机制在农村金融创新中还必须探索实现风险防控与可持续发展的双重持续布局。

参考文献

［1］ Abadie A. , Imbens G. W. Simple and Bias-Corrected Matching Estimators for Average Treatment Effects ［R/OL］. NBER Technical Working Papers, 2002. http：// s. dic. cool/S/fWpz00z9.

［2］ Akerlof G. A. The Market for "Lemons"： Quality Uncertainty and the Market Mechanism ［J］. The Quarterly Journal of Economics, 1970. http：//s. dic. cool/ S/ait8Y51w.

［3］ Alan Schwartz. The New Textualism and the Rule of Law Subtext in the Supreme Court's Bankruptcy Jurisprudence ［J］. Yale Law School, Public Law & Legal Theory Working Paper, 2001. http：//s. dic. cool/S/XrS6sJQE.

［4］ Aoki M. , Jackson G. Understanding an Emergent Diversity of Corporate Governance and Organizational Architecture： An Essentiality-Based Analysis ［J］. Industrial and Corporate Change, 2008. http：//s. dic. cool/S/IdKq1UNl.

［5］ Bardhan P. K. Interlocking Factor Markets and Agrarian Development： A Review of Issues ［J］. Oxford Economic Papers, 1980. http：//s. dic. cool/S/KJOyPA1I.

［6］ Barro R. J. The Loan Collateral, and Rates of Interest ［J］. Journal of Money Credit and Banking, 1976. http：//s. dic. cool/S/iwkUJm3p.

［7］ Beck T. , Demirguc-Kunt A. , Honohan P. Access to Financial Services： Measurement. Impact, and Policies ［J］. World Bank Research Observer, 2009. http：//s. dic. cool/S/6QIdnjZH.

［8］ Beck T. , Demirguc-Kunt A. , Laeven L. Finance, Firm Size, and Growth

[J]. Journal of Money Credit & Banking, 2008. http://s. dic. cool/S/PeJkhyXq.

[9] Berger, A. N., Frame W. S., Ioannidou V. Tests of Ex Ante Versus Ex Post Theories of Collateral Using Private and Public Information [J]. Journal of Financial Economics, 2011. http://s. dic. cool/S/D4sxt5TS.

[10] Berger A. N., Udell G. F. Small Business Credit Availability and Relationship Lending: The Importance of Bank Organizational Structure [J]. The Economic Journal, 2002. http://s. dic. cool/S/VRdhJORH.

[11] Besanko D., Thakor A. V. Collateral and Rationing: Sorting Equilibria in Monopolistic and Competitive Credit Markets [J]. International Economic Review, 1987. http://s. dic. cool/S/22TP7qW3.

[12] Besley T. How Do Market Failures Justify Interventions in Rural Credit Markets? [J]. The World Bank Research Observer, 1994. http://s. dic. cool/S/VETY-IxrN.

[13] Bester H., Hellwig M. Moral Hazard and Equilibrium Credit Rationing: An Overview of the Issues [M]. Springer Berlin Heidelberg, 1987. http://s. dic. cool/S/bSiJpdLo.

[14] Boot A., Thakor A., Udell G. Secured Lending and De-fault Risk: Equilibrium Analysis, Policy Implications and Empirical Results [J]. Economic Journal, 1991. http://s. dic. cool/S/0ecsqO16.

[15] Boucher S. R., Cuirkinger C., Trivelli C. Direct Elicitation of Credit Constraints: Conceptual and Practical Issues with an Application to Peruvian Agriculture [J]. Economic Development and Cultural Change, 2009. http://s. dic. cool/S/TrcpCG94.

[16] Burt R. S. The Network Structure of Social Capital [J]. Research in Organizational Behavior, 2000. http://s. dic. cool/S/40UKQZxR.

[17] Cerqueiro G., Ongena S., Roszbach K. Collateralization, Bank Loan Rates, and Monitoring [J]. The Journal of Finance, 2016. http://s. dic. cool/S/9BDusWYE.

[18] Chan Y. S., Thakor A. V. Collateral and Competitive Equilibriums with

Moral Hazard and Private Information [J]. Journal of Finance, 1987. http: //s. dic. cool/S/vUDRsBBW.

[19] Chan Y. S. , Kanatas G. Asymmetric Valuation and the Role of Collateral in Loan Guarantee [J]. Journal of Money, Credit and Banking, 1985. http: //s. dic. cool/S/VkkgqYUy.

[20] Christopher M. Lewis, Ashoka Mody. The Management of Contingent Liabilities: A Risk Management Framework for National Governments. World Bank Latin American and Caribbean Studies [M]. Washington D. C. : The World Bank, 1997. https: //citeseerx. ist. psu. edu/viewdoc/download.

[21] Conning J. , Udry C. Rural Financial Markets in Developing Countries [J]. Handbook of Agricultural Economics, 2007. http: //s. dic. cool/S/zj5qQX1d.

[22] Cowling S. , Ventura M. The Impact of Public Guarantees on Credit to SMEs [J]. Small Business Economics, 2009. http: //s. dic. cool/S/xBIRJhQk.

[23] Doh T. , Ryu K. Analysis of Loan Guarantees Among the Korean Chaebol Affiliates [J]. International Economic Journal, 2004. http: //s. dic. cool/S/D4MHUEVQ.

[24] Eswaran M. , Kotwal A. The role of the Service Sector in the Process of Industrialization [J]. Journal of Development Economics, 2002. http: //s. dic. cool/S/0lZfEYuT.

[25] Gloukoviezoff G. From Financial Exclusion to over-indebtedness: The Paradox of Difficulties for People on Low Income? [M] In Anderloni L, Braga M D, Carluccio E. (eds), New Frontiers in Banking Services: emerging Needs and Tailored Products for Untapped Markets, Berlin: Springer Verlag, 2006. http: //s. dic. cool/S/LaA1LgnV.

[26] Granovetter M. S. The Strength of Weak Ties [J]. American Journal of Sociology, 1973. https: //academic. oup. com/poq/article - pdf/36/3/361/5304004/36 - 3-361. pdf.

[27] Green A. Credit Guarantee Schemes for Small Enterprise: An Effective Instrument to Promote Private Sector-led Growth? [J]. United Nations Industrial Development Organization, Programme Development and Technical Cooperation Division,

2003. https: //www. unido. org/sites/default/files/2007 - 11/18223 _ PSDseries10 _ 0. pdf.

[28] Gudger W. M. The Sustainability of Credit Guarantee Systems [J]. Small Enterprise Development, 1997. https: //practicalactionpublishing. com.

[29] He L. , Wan H. , Zhou X. How Are Political Connections Valued in China? Evidence from Market Reaction to CEO Succession [J]. International Review of Financial Analysis, 2014. http: //dx. doi. org/10. 1016/j. irfa. 2014. 01. 011.

[30] Hoff K. , Stiglitz J. E. Imperfect Information and Rural Credit Markets: Puzzles and Policy Perspective [J]. World Bank Economic Review, 1990. http: // s. dic. cool/S/5LQazzDa.

[31] Hoff K. , Stiglitz J. E. Money Lenders and Bankers: Price−increasing Subsidies in a Monopolistically Competitive Market [J]. Journal of Development Economics, 1998. http: //s. dic. cool/S/1LjdA8rK.

[32] Hung−Jen Wang. Symmetrical Information and Credit Rationing: Graphical Demonstrations [J]. Financial Analysts Journal, 2000. https: //doi. org/10. 2469/faj. v56. n2. 2346.

[33] Koetter M. An Assessment of Bank Merger Success in Germany [J]. German Economic Review, 2008. http: //s. dic. cool/S/zaMzZUP2.

[34] Kreps D. , Wilson R. Reputation and Imperfect Information [J]. Journal of Economic Theory, 1982. http: //s. dic. cool/S/GbUUagRb.

[35] Laffont J. J. , N ' Guessan T. Group Lending with Adverse Selection [J]. European Economic Review, 2000. http: //s. dic. cool/S/UYvMPbPL.

[36] Li Weili, Ding Shuye, Zhou Feng. Diagnostic Numerical Simulation of Large Hydro Generator with Insulation Aging [J]. Heat Transfer Engineering, 2008. http: //s. dic. cool/S/u0MRJhsg.

[37] Macneil I. R. Power, Contract, and the Economic Model [J]. Journal of Economic Issues, 1980. http: //s. dic. cool/S/lGdI8CLh.

[38] Manove M, Padilla A J, Pagano M. Collateral vs. Project Screening: A Model of Lazy Banks [J]. Centre for Studies in Economics and Finance (CSEF),

University of Naples, Italy, 2002. http: //s. dic. cool/S/72YRz9UB.

[39] Menkhoff L. , Neuberger D. , Rungruxsirivorn O. Collateral and Its Substitutes in Emerging Markets' Lending [J]. Journal of Banking & Finance, 2012. http: //s. dic. cool/S/v5n8sL2H.

[40] Mishkin F. S. The Dangers Exchange Rate Pegging in Emerging Market Countries [J]. International Finance, 1998. http: //s. dic. cool/S/xoRxUCgv.

[41] Navajas S. , Schreiner M. , Meyer R. L. , Gonzalez-Vega C. , Rodriguez-Meza J. Microcredit and the Poorest of the Poor: Theory and Evidence from Bolivia [J]. Economics and Sociology, 2000. http: //s. dic. cool/S/3Tlgkrtv.

[42] Negro M. D. , Eggertsson G. , Ferrero A. , Kiyotaki N. The Great Escape? A Quantitative Evaluation of the Fed's Liquidity Facilities [J]. American Economic Review, 2017. http: //s. dic. cool/S/3A7oSeI4.

[43] Obstfeld M. , Rogoff K. Foundations of International Macroeconomics [M]. Cambridge: MIT Press, 1996. http: //s. dic. cool/S/igYh3zHF.

[44] Pfeiffer T. , Schuster S. , Bonhoeffer S. Cooperation and Competition in the Evolution of Atp-producing Pathways [J]. Science, 2001. http: //s. dic. cool/S/OEXnRT6y.

[45] Phaup M. Federal Use of Implied Guarantees: Some Preliminary Lessons from the Current Financial Distress [J]. Public Administration Review, 2009. http: //s. dic. cool/S/KXp1TGqZ.

[46] Philip Arestis, Asena Caner. Financial Liberalization and Poverty: Channels of influence [R]. Working Paper NO. 411, The Levy Economics Institute of Band College, 2004. http: //s. dic. cool/S/S2baPW7z.

[47] Polackova H. Contingent Government Liabilities: A Hidden Risk for Fiscal Stability [J]. Social Science Electronic Publishing, 1998. http: //s. dic. cool/S/6yI2zwdH.

[48] Portes A. Social Capital: Its Origins and Applications in Modern Sociology [M]. Annual Reviews, 1998. http: //s. dic. cool/S/WJO8nVQo.

[49] Pozzolo A. F. The Role of Guarantees in Bank Lending [J]. Economics &

Statistics Discussion Paper, 2004. http：//s. dic. cool/S/bZSoeTWj.

［50］ Robert J. Barro. The Loan Market, Collateral and Rates of Interest ［J］. Journal of Money, Credit and Banking, 1976. http：//s. dic. cool/S/74Fyrkmi.

［51］ Rosenbaum P. R., Donald B., Rubin. The Central Role of the Propensity Score in Observational Studies for Causal Effects ［J］. Great Britain：Biometrika, 1983. http：//s. dic. cool/S/ormHs6is.

［52］ Shaw E. Financial Deepening in Economic Development ［M］. New York：Oxford University Press, 1973. https：//www. jstor. org/stable/2978421.

［53］ Stiglitz J. E., Weiss A. Credit Rationing in Markets with Imperfect Information ［J］. American Economic Review, 1981. http：//www. jstor. org/stable/1802787.

［54］ Suresh Sundaresan. Institutional and Analytical Framework for Measuring and Managing Government's Contingent Liabilities ［M］. In：Hana Polackova Brixi, Allen Schick. Government at risk contingent liabilities and fiscal risk. Washington, D. C.：World Bank, 2002. http：//s. dic. cool/S/NhQRX0NC.

［55］ Tadelis S. The Market for Reputation as An Incentive Mechanism ［J］. The Journal of Political Economy, 2002. http：//s. dic. cool/S/z0Wt0geS.

［56］ Telser L. G. Cutthroat Competition and the Long Purse ［J］. Journal of Law and Economics, 1966. http：//s. dic. cool/S/OEXnRT6y.

［57］ Tirole J. Incomplete Contracts：Where Do We Stand ［J］. Econometrica, 1999. http：//s. dic. cool/S/wEfKNepJ.

［58］ Uesugi I., Sakai K., Yamashiro G. M. The Effectiveness of Public Credit Guarantees in the Japanese Loan Market ［J］. Journal of the Japanese and International Economies, 2010. http：//s. dic. cool/S/uIy8IdUP.

［59］ Weber R., Musshoff O. Is Agricultural Microcredit Really More Risky? Evidence from Tanzania ［J］. Agricultural Finance Review, 2012. http：//s. dic. cool/S/fbJZ1Wtc.

［60］ 白钦先, 谭庆华. 金融虚拟化与金融共谋共犯结构——对美国次贷危机的深层反思 ［J］. 东岳论丛, 2010.

［61］ 边燕杰, 郝明松. 二重社会网络及其分布的中英比较 ［J］. 社会学研

究，2013.

［62］边燕杰，张文宏．经济体制、社会网络与职业流动［J］．中国社会科学，2001.

［63］蔡四平，顾海峰．农村中小企业金融市场的信贷配给问题及治理研究［J］．财贸经济，2011.

［64］曹凤岐．建立和健全中小企业信用担保体系［J］．金融研究，2001.

［65］陈东平，丁力人．契约理论视角下金融服务乡村振兴现实困难与实践探索［J］．现代经济探讨，2020.

［66］陈东平，高名姿．第三方促进农地抵押贷款缔约和履约：交易特征——嵌入视角［J］．中国农村观察，2018.

［67］陈东平，张雷．互联性交易与股份合作制专业合作社内信用合作契约治理研究［J］．农业经济问题，2017.

［68］陈菲琼，殷志军，王寅．影响信用担保机构运行效率的风险因素评估［J］．财贸经济，2010.

［69］陈其安，陈抒好，沈猛．地方政府与投融资平台：基于政府担保和激励视角的委托-代理模型［J］．系统管理学报，2018.

［70］陈乃醒．我国中小企业发展现状及对策研究［J］．武汉理工大学学报（社会科学版），2004.

［71］德布拉吉·瑞．发展经济学［M］．北京：北京大学出版社，2002.

［72］狄娜．中小企业信用担保体系试点［J］．经济管理者，2001.

［73］狄娜．中小企业信用担保业2007年度发展报告［J］．银行家，2007.

［74］董玄，周立，刘婧玥．金融支农政策的选择性制定与选择性执行［J］．农业经济问题，2016.

［75］范亚莉，丁志国，王朝鲁，李雯宁．政策性与独立性：农业信贷担保机构运营的动态权衡［J］．农业技术经济，2018.

［76］方松海，王为农，黄汉权．增加农民收入与扩大农村消费研究［J］．管理世界，2011.

［77］费孝通．乡土中国［M］．北京：生活·读书·新知三联书店，1985.

［78］付俊文，李琪．信用担保与逆向选择：中小企业融资问题研究［J］．

数量经济技术经济研究，2004.

　　[79] 付俊文，赵红．信息不对称下的中小企业信用担保数理分析 [J]．财经研究，2004.

　　[80] 姜长云．中国农民收入增长趋势的变化 [J]．中国农村经济，2008.

　　[81] 蒋平．我国中小企业融资担保市场结构研究——基于市场集中度和产品差异化的视角 [J]．中央财经大学学报，2011.

　　[82] 韩俊．中国"三农"问题的症结与政策展望 [J]．中国农村经济，2013.

　　[83] 韩喜平，金运．中国农村金融信用担保体系构建 [J]．农业经济问题，2014.

　　[84] 黄季焜．乡村振兴：农村转型、结构转型和政府职能 [J]．经济研究参考，2020.

　　[85] 黄海沧，李建琴．中小企业行信用担保的冷思考 [J]．浙江社会科学，2003.

　　[86] 黄惠春，徐霁月．中国农地经营权抵押贷款实践模式与发展路径 [J]．农业经济问题，2016.

　　[87] 黄宪，代军勋，于敏．银行与担保公司信用行为的博弈分析 [J]．经济评论，2003.

　　[88] 黄祖辉，刘西川，程恩江．中国农户的信贷需求：生产性抑或消费性——方法比较与实证分析 [J]．管理世界，2007.

　　[89] 高阳．我国农地金融制度中的政策性担保机制研究 [D]．济南：山东大学，2016.

　　[90] 郭军．不同货币政策工具对企业投资行为的影响性比较 [D]．厦门：厦门大学，2018.

　　[91] 郭哲，曹静．中国农地制度变迁 70 年：历程与逻辑——基于历史制度主义的分析 [J]．湖湘论坛，2020.

　　[92] 龚强，王璐颖．普惠金融、风险准备金与投资者保护 [J]．经济学（季刊），2018.

　　[93] 卢立香，胡金焱．中小企业担保市场上的"行用担保配给"问题分析

[J].山东社会科学，2008.

[94] 雷新途，李世辉．资产专用性、声誉与企业财务契约自我履行：一项实验研究 [J].会计研究，2012.

[95] 李毅，向党．中小企业信贷融资信用担保缺失研究 [J].金融研究，2008.

[96] 李庆海，吕小锋，李锐，孙光林．社会资本能够缓解农户的正规和非正规信贷约束吗？基于四元 Probit 模型的实证分析 [J].南开经济研究，2017.

[97] 林南．社会资本——关于社会结构与行动的理论 [M].张磊，译．上海：上海人民出版社，2005.

[98] 林毅夫．"三农"问题与我国农村的未来发展 [J].农业经济问题，2003.

[99] 林全玲．政策性担保法律制度研究 [D].重庆：重庆大学，2006.

[100] 林全玲，许明月．担保——政府宏观调控的手段 [J].云南社会科学，2007.

[101] 刘冲，周瑾芝．金融危机、政府担保与储户挤兑 [J].财经研究，2015.

[102] 刘西川，程恩江．中国农业产业链融资模式——典型案例与理论含义 [J].财贸经济，2013.

[103] 刘西川，杨奇明，陈立辉．农户信贷市场的正规部门与非正规部门 [J].经济研究，2014.

[104] 刘艳华．农业信贷配给对农村居民消费的间接效应——基于面板门槛模型的阐释 [J].农业经济问题，2016.

[105] 吕劲松．关于中小企业融资难、融资贵问题的思考 [J].金融研究，2015.

[106] 马草原，王美花，李成．中国经济"刺激依赖"的形成机制：理论与经验研究 [J].世界经济，2015.

[107] 马松，潘珊，姚长辉．担保机构、信贷市场结构与中小企业融资——基于信息不对称框架的理论分析 [J].经济科学，2014.

[108] 马文涛，马草原．政府担保的介入、稳增长的约束与地方政府债务的

膨胀陷阱［J］.经济研究，2018.

［109］毛捷，黄春元.地方债务、区域差异与经济增长——基于中国地级市数据的验证［J］.金融研究，2018.

［110］米运生，曾泽莹，何璟.农村互联性贷款的存在逻辑与自我履约［J］.经济科学，2016.

［111］彭磊.均衡信贷配给信用担保与中小企业融资［J］.当代财经，2003.

［112］彭澎，吴蓓蓓.财富水平与异质性社会资本对农户非正规借贷约束的影响——基于三省份农户调查数据的实证研究［J］.财贸研究，2019.

［113］平新乔，杨慕云.消费信贷违约影响因素的实证研究［J］.财贸经济，2009.

［114］乔瓦尼·卡波奇，丹尼尔·凯莱曼，彭号阳，刘义强.关键节点研究：历史制度主义中的理论、叙事和反事实分析［J］.国外理论动态，2017.

［115］秦红松.我国农林土地经营权抵押的现实困难和可行性探讨［J］.西南金融，2013.

［116］青木昌彦.比较制度分析［M］.上海：上海远东出版社，2016.

［117］孙颖，林万龙.市场化进程中社会资本对农户融资的影响——来自CHIPS的证据［J］.农业技术经济，2013.

［118］盛世杰，周远游，刘莉亚.引入担保机构破解中小企业融资难：基于期权策略的机制设计［J］.财经研究，2016.

［119］田秀娟，吴滋兴，王玮.农村社区互助合作担保机构运行机制探析——以福建省霞浦县石湖农业发展担保公司为案例［J］.农业经济问题，2016.

［120］万良勇，魏明海.金融生态、利益输送与信贷资源配置效率［J］.管理世界，2009.

［121］王传东，王家传.信贷配给视角下的农村中小企业融资担保［J］.农业经济问题，2006.

［122］王玮，何广文.社区规范与农村资金互助社运行机制研究［J］.农业经济问题，2008.

［123］王筱萍，王文利．农村中小企业集群供应链融资：内生风险治理机制与效应［J］.农业经济问题，2015.

［124］王永钦．市场互联性、关系型合约与经济转型［J］.经济研究，2006.

［125］温涛，朱炯，王小华．中国农贷的"精英俘获"机制：贫困县与非贫困县的分层比较［J］.经济研究，2016.

［126］［美］威廉姆森．可信承诺：用抵押品支持交易［M］.上海：上海人民出版社，2008.

［127］吴本健，罗兴，马九杰．农业价值链融资的演进：贸易信贷与银行信贷的替代、互补与互动［J］.农业经济问题，2018.

［128］吴越．财政支持农村信贷担保研究［D］.武汉：武汉大学，2015.

［129］武丽娟，李定．精准扶贫背景下金融资本对农户增收的影响研究——基于内部收入分层与区域差异的视角［J］.农业技术经济，2019.

［130］吴明理，徐东风，姜春．创新路径与比较优势：三种担保模式的实证研究［J］.金融研究，2002.

［131］肖扬清．关于我国中小企业信用担保体系的经济学思考［J］.商业时代，2007.

［132］徐勇．论中国农村"乡政村治"治理格局的稳定与完善［J］.社会科学研究，1997.

［133］许成钢．新形势下的老问题：债务与预算软约束［J］.财新网，2016.

［134］许崇正，高希武．农村金融对增加农民收入支持状况的实证分析［J］.金融研究，2005.

［135］许黎莉，陈东平．农业信贷担保机构担保支农的契约耦合机制缘何"异化"？［J］.内蒙古社会科学（汉文版），2017.

［136］许黎莉，陈东平．声誉能促进政策性担保贷款的自我履约吗？——基于互联关系型合约的分析框架［J］.求是学刊，2019.

［137］许黎莉，陈东平，殷丽丽．农业信贷担保机构介入产业链外部融资的路径探索［J］.江苏农业学报，2019.

［138］许明月．经济法学术研究定位的反思［J］．政法论坛，2006．

［139］许黎莉，朱雅雯，陈东平．社会资本促进小农户与现代农业有机衔接之作用——基于资源获取能力中介效应的检验［J］．商业研究，2020．

［140］杨松，张建．我国"政银担合作"模式的逻辑基础及制度完善［J］．辽宁大学学报（哲学社会科学版），2018．

［141］姚宇，袁祖社．从生产要素新组合到创新性组织：创新内涵的演化及其启示［J］．求实学刊，2019．

［142］杨胜刚，胡海波．不对称信息下的中小企业信用担保问题研究［J］．金融研究，2006．

［143］叶莉，胡雪娇，陈立文．中小企业政策性融资担保的实践效应——基于上市中小企业及银行的实证研究［J］．金融论坛，2016．

［144］尹志超，甘犁．信息不对称、企业异质性与信贷风险［J］．经济研究，2011．

［145］张杰．市场化与金融控制的两难困局：解读新一轮国有银行改革的绩效［J］．管理世界，2008．

［146］张弘．关于担保机构作用的理论研究：基于过度信贷的视角［J］．经济学报，2019．

［147］张洪武．建立农业信贷担保体系服务新型农业经营主体［J］．农民科技培训，2019．

［148］张红宇．新常态下的农民收入问题［J］．农业经济问题，2015．

［149］张龙耀．中国农村信贷市场失灵与创新路径研究——基于信息不对称的视角［D］．南京：南京农业大学，2010．

［150］张琴．中小企业融资中的政策性担保问题探析［J］．生产力研究，2006．

［151］张维迎．博弈论与信息经济学［M］．上海：三联书店，1996．

［152］张文宏．社会资本：理论争辩与经验研究［J］．社会学研究，2003．

［153］张五常．新制度经济学的来龙去脉［J］．交大法学，2015．

［154］周立．中国农村金融体系的政治经济逻辑（1949~2019年）［J］．中国农村经济，2020．

［155］周月书，孙冰辰，彭媛媛．规模农户加入合作社对正规信贷约束的影响——基于社会资本的视角［J］．南京农业大学学报（社会科学版），2019.

［156］祝健，郭艳艳．论我国农民信贷担保长效机制的构建［J］．福建师范大学学报（哲学社会科学版），2010.